汉语构式的二语习得研究

尹建玉 黄志媛 著

延边大学出版社

图书在版编目（CIP）数据

汉语构式的二语习得研究 / 尹建玉，黄志媛著. --
延吉：延边大学出版社，2022.6
　　ISBN 978-7-230-03348-0

　　Ⅰ. ①汉… Ⅱ. ①尹… ②黄… Ⅲ. ①汉语－语法－
对外汉语教学－教学研究 Ⅳ. ①H195.3

中国版本图书馆CIP数据核字(2022)第092612号

汉语构式的二语习得研究

著　　者：尹建玉　黄志媛	
责任编辑：胡巍洋	
封面设计：品集图文	
出版发行：延边大学出版社	
社　　址：吉林省延吉市公园路977号	邮　　编：133002
网　　址：http://www.ydcbs.com	
E - m a i l：ydcbs@ydcbs.com	
电　　话：0433-2732435	传　　真：0433-2732434
发行电话：0433-2733056	传　　真：0433-2732442
印　　刷：北京宝莲鸿图科技有限公司	
开　　本：787 mm×1092 mm　1/16	
印　　张：11.5	字　　数：217千字
版　　次：2022年6月　第1版	
印　　次：2022年6月　第1次印刷	

ISBN 978-7-230-03348-0

定　　价：68.00元

前　言

　　本书立足于构式语法的基本观念和原则探讨二语习得研究中的理论和方法问题，主要从以下几个方面来说明：构式知识习得的表现系统及相关的构式能产性问题；构式意识的形成和发展机制问题；构式习得中的界面互动关系问题；构式习得中的语言共性和类型特征问题；构式习得研究的方法和方法论问题。本书认为，在构式语法理论体系中，构式本体研究、习得研究和教学研究应有机结合，互动互进。

　　同时，本书探讨了认知语言学研究的基本概念和理论框架，以及其与二语习得和语言教学领域之间的联系，将理论和实践相结合，对学习者的二语习得过程进行了多视角探讨和反思，对于二语能力培养环节中可能碰到的困难和应对办法进行了分析和阐述。

　　本书在写作和修改过程中，查阅和引用了书籍以及期刊等相关资料，在此谨向本书所引用资料的作者表示诚挚的感谢。由于水平有限，书中难免出现纰漏，恳请读者、同人和专家学者批评指正。

目 录

第一章 汉语构式概述 ... 1
- 第一节 近十年国内汉语构式语法 ... 1
- 第二节 汉语构式"X 上 Y 下"整合层级 ... 14
- 第三节 从动结式来看现代汉语的构式性 ... 21
- 第四节 构式语法下的对外汉语教学 ... 25

第二章 汉语构式的发展 ... 32
- 第一节 汉语构式"走+N 单" ... 32
- 第二节 汉语构式"X 也是醉了" ... 38
- 第三节 基于构式语法的汉语违实条件句 ... 46
- 第四节 汉语的比较关联构式 ... 51

第三章 二语习得概述 ... 57
- 第一节 二语习得的研究对象、基本概念及学科性质 ... 57
- 第二节 二语习得的历史回顾 ... 63
- 第三节 第二语言习得与第一语言习得的共同点 ... 71
- 第四节 第二语言习得与第一语言习得的不同点 ... 77

第四章 二语习得的发展 ... 85
- 第一节 二语习得的社会因素 ... 85
- 第二节 普遍语法与二语习得 ... 93
- 第三节 二语习得的社会认知理论 ... 95
- 第四节 多模态语境下的二语习得 ... 99
- 第五节 文化冲突对二语习得的影响 ... 102

第五章 认知语言学与二语习得 106
第一节 认知语言学对语言习得的基本观点 107
第二节 认知语言学角度二语习得研究现状 117
第三节 认知语言学角度二语习得的认知过程 123

第六章 认知语言学视域下二语词汇习得 131
第一节 二语词汇习得的现状及分析 131
第二节 意识习得与学习者因素 136
第三节 二语学习者的词汇组织模式 138
第四节 认知视角下的二语词汇习得 140

第七章 认知语言学视角下的二语习得的新范式 146
第一节 动态系统理论下的二语习得 146
第二节 关联理论视角下的二语习得 154
第三节 构式认知视角下的二语习得 164

参考文献 176

第一章 汉语构式概述

第一节 近十年国内汉语构式语法

构式语法（Construction Grammar）一经引入便迅速吸引了众多研究者，也涌现出了大量的研究成果。若从张伯江运用构式语法对现代汉语的双及物结构式进行由上而下的分析算起，构式语法研究在中国的历程只有十年多，还是一个非常年轻的研究领域。由这一阶段性的特点所决定，构式语法的理论内涵、研究范围、研究方法虽已有一定讨论，但还未形成一个很完善、系统性很强的理论。而构式语法的运用和应用研究，还处于探索或起步阶段，需要做更多实践性研究。基于此，本节以"理论内涵—运用研究—应用研究"为线索，综述国内构式语法的研究现状和发展态势，旨在探讨目前国内汉语构式语法的理论研究现状、个案研究的热点与盲点、研究方法、理论建构等问题，以期促进汉语构式语法研究的发展。

一、综而观之

在认知语言学和框架语义学中，强调意义和形式匹配的"构式"早已提出。而Goldberg明确提出构式的"不可预测性"，认为语言中所有的形式，从最小的语素到句子结构都是形式和意义的配对，只要其意义不能从其形式或已有的构式推导出来，即不能预测，那么该形式就是一个构式。构式义"不可预测性"的显著化是构式语法成为一种新的语法理论的关键。构式语法源于但又独立于认知语法。尽管认知语言学和框架语义学也认为构式是语法研究的一个单位，强调构式的整体性，但并没有引起人们对构式整体性的足够认识和重视，而"不可预测性"的提出使构式作为一个整体的特性得到高度关注，因为这种不可预测性充分体现了完形心理学理论"整体大于部分组合"的观点，使得构式整体意义大于部分组合意义的论述变得有理有据。因此，国内汉语构式语法研究，基本上都是采用Goldberg体系中的"构式"理念，这一"构式"理念其实跟认知语言学和框架语义学所谈的"构式"从根本上来说是同大于异。

构式语法于1995年提出，1999年便已经引入国内。从国外提出理论到国内引入理论相差的时间来看，相对于以往西方语言学理论引入国内的情况，可以说，国内外对构式语法的研究几乎是同步的。这对于汉语学界，既是机遇也是挑战。一方面，这为汉语学界构式语法研究与国际构式语法研究的同步争取了时间；另一方面，也赋予了国内学者对构式语法理论研究不断深入、完善的使命。因此，对还处于建设初期的构式语法理论，基于汉语语言事实的汉语构式语法研究不应该仅仅是构式语法理论的检验者，更应该成为构式语法理论的充实者、完善者，甚至成为建构者。

由于构式语法引入的时间不长，国内构式语法研究的一个显著特点是，理论探讨已展开，运用研究在摸索，应用研究刚起步。具体来说，有如下表现：引入构式语法理论并对该理论的概念、理论内涵进行了较多的讨论；运用构式语法理论对汉语事实进行观察、分析和解释的个案研究已有一定数量，其中有一些个案研究充分运用构式语法理论对所研究的汉语现象做了更好的解释，对研究方法的探讨也做了很好的尝试，但如何建立一套行之有效的研究方法和模式仍需更多努力；这一阶段有一些应用研究，但还处于起步阶段。

二、构式语法理论研究

构式语法理论作为一种新的理论，给我们观察和研究语言现象提供了一个新的视角，但是作为一个仍处于建构初始阶段的理论，对其理论内涵应该进一步梳理，明确界定，为构式语法的横向拓展和纵向深入奠定基础。因此，引入构式语法的述评研究，都不同程度地对其内涵进行梳理和探讨，主要集中在构式的内涵和构式的语义以及以这两个问题为中心辐射开的各种相关问题。

（一）关于"构式"的内涵

"构式"是"构式语法理论"的核心概念，对这一概念进行界定是展开讨论研究的基础。"构式"的概念直接体现了构式语法理论的内涵，因此，在对"构式"这一概念进行讨论的同时，不可回避地论及由"构式"的概念内涵而引发的相关问题。

"构式"术语早已有之，Fillmore 和 Kay 的框架语义学和 Langacker 的认知语法已经限定"构式"为语言的研究单位，是形式和意义的配对，具有非转换性。而 Goldberg 构式语法中的"构式"也具有这些特点，所不同的是强调了构式义的不可预测性，并且认为构式存在于语言的不同层面，语素也是构式。在与其他语法体系进行比较分析的基础上，Goldberg 明确了构式语法中"构式"的内涵具有上述四个特征。而对这四个主要特征的讨论，则涉及构式的表现形式、构式之间的关系、构式语法研究的范围和构式语法研究的对象四个问题，下面详述。

1. 由构式内涵引发的构式形式的讨论

构式是形式和意义的配对，这个形式指什么？这涉及构式是抽象的范型，还是填充了词汇的具体用例，还是两者皆有。关于这一点，学界有不同看法。严辰松认可 Goldberg 的观点，认为构式可以分为实体构式和图式构式。实体构式在词汇上是固定的，只有一个实例；图式构式指半固定短语以上的构式，不止一个实例。无论是哪一种实例，都是构式。持反对观点的是陆俭明，他认为构式只能指范型，不能指具体用例。如果包括具体用例，一个语言里的构式就将是无穷的，这样"构式语法"就变成无意义的东西了。也正是基于这一认识，陆俭明不同意将一个个具体的语素、词、短语视为构式。由此可见，构式形式的问题与构式研究对象的问题密切相关。

2. 由构式内涵引发的构式之间关系的讨论

构式具有非转换性，Goldberg 非常强调各构式的独立性，不赞成通过转换来处理构式之间的某种语义联系，提倡以结构的表层为基础的概括。关于这一点，国内构式语法研究大都持质疑态度。如陆俭明在论述 Goldberg 的构式语法观的局限时指出，Goldberg 将构式孤立化，抹杀了句法层面构式之间的相关性。张韧认为，构式不是杂乱无章、零散存在的,而是构成一个网络。构式之间的相互制约及规律性特点可以非常好地统一在网络中存在的关系上。但是,对于构式是以什么样的关系相联系没有给予很好的说明。

3.由构式内涵引发的构式语法研究范围的讨论

构式义具有不可预测性,这一特征涉及"张三吃苹果"这样的结构是否是构式这一问题。Goldberg 在后来的论述中又补充到,如果由于高频使用,即使语义是透明的、可预测的,也是构式。王黎、陆俭明把句子分为符合人类一般规律的句子和不符合人类一般规律的句子。前者的构式义没有后者的构式义容易感知,但是不容易感知不代表否认这种构式义的存在,并进一步认为这个构式的语义是"表示事件"。这个问题看似是一个研究范围的问题,实则是一个理论建构的问题。如果把这类"主—谓—宾"结构看成构式,其结果就是激进构式语法。Croft 的激进构式语法是因为苦于没有一套句法概念可以适用于描写所有语言,是基于类型学视角提出的,具有其理论意义。那么在汉语的语法研究体系中是完全摈弃传统的术语概念,用构式语法对汉语进行新的系统描写,还是让构式语法"有所为而有所不为"?国内没有针对这个问题的专门论述和研究,但是从具体研究中能窥见研究者的态度。刘丹青通过对"结构可分解程度"不同的两类"连"字句的分析,认为结构易分解的结构适合采用"成分模式"的解释,而越难分解的结构,其整合度越高,适合采用构式分析法,即赞同有所不为的观点。陆俭明对存在构式进行分析时,论述了存在句中的施事、受事是潜在的语义关系,存在构式凸显的是"存在处所"和"存在物"的语义关系。这一分析既突破传统的"成分模式"解释,又避免激进化的态度,即可以用传统句法分析法解决得很好的问题则没有必要采用构式分析法。张伯江认为,Goldberg 的构式语法关注的仍然是论元结构,因此适合用来研究和人的生活密切相关的表示移动、致使、状态变化的双及物构式、"把"字句、"被"字句,而不太赞同用构式理论来分析存在句和供用句。

4.由构式内涵引发的构式语法研究对象的讨论

Goldberg 认为,构式存在于语言的不同层面,只要是形式和意义配对即可视为构式,而其形式本身是否可以再分解并不重要,因此语素也可视为构式。而 Fillmore 和 Kay 则认为,构式虽然具有整体性,但同时具有可分解性,语素不可以再分解,因此不能看成构式。大多数国内构式语法研究也持此观点。陆俭明明确论述了语素的形式是语音,而句法层面的构式的形式是词类序列或语义配置,若把语素也看成构式,那么构式定义中的形式内部各类别就有本质性的差别。王望妮、孙志农引用 Langacker 的观点，认为虽然词法与句法"没有原则上的区分"，二者构成一个连续统，但是在这个连续统的两端存在着"性质不同的现象"，因此把语素看成构式忽略了词法和句法的区别。邓云华、石毓智认为，Goldberg"既混同了两种性质很不一样的语言单位之间的本质区别，也没有带来任何实际的研究效用，而是徒增混乱"。也有研究认为，构式研究单位包括语素是有充足理据的。陈满华从语素的意义不能从更小的单位音素、音位推测得到进行了论述，指出 Goldberg 显然不认为单音素构成的语素是构式。

（二）关于"构式"的语义

构式语法最大的亮点就是明确提出构式的意义不能从其组成部分或已有的构式推出。这一创新之处以及与构式语义相关的一系列语义问题，吸引了国内构式语法研究者的关注。各个语义问题讨论的充分程度也不完全一样，主要集中在以下四个与语义有关的问题上。

1. "构式"的内涵

Goldberg 认为，构式是"形式和意义的配对"，之后又调整为构式是"形式和功能的配对"。从这个调整过程本身就能看出对于构式的语义，研究者之间是有争议的，不同研究者有不同的看法。严辰松认为，构式语法中的语义既是语义信息，又包含焦点、话题、语体风格等语用意义。董燕萍、梁君英对 Kay 的"句法不仅包括句法和语义信息，而且包括词汇和语用信息"这一说法进行反驳，认为 Goldberg 说的语义是一种认知语义，是长时间认知积累的结果，不需要依赖语境来进行推理。张韧指出：Goldberg 认为语用信息一旦规约性地与语言形式相连，就成了构式的一部分，不可能仅仅靠语用原则来预测其存在，并持"基于使用"的语法观，认为一个语义结构是同其符号形式一道从语言使用领域进入语言认知系统的，语义和语用没有本质的区别，只是规约化的程度不同，都可以容纳在认知语法的意义观之下。我们对 Goldberg 这一观点的理解是，语义、语用其实是一个连续统，其两端能看到明显的不同，但是大部分中间地段不必区分。规约性较强的，对语境依赖程度越低，就越容易被理解为构式的意义；反之，完全需要依赖语境获得的，越不容易被理解为构式的语义。

2.构式义的来源

构式的语义来源是陆俭明着重提出的问题,陆俭明对 Goldberg 中"简单句构式与反映人类经验的基本情景的语义结构直接关联"这一论述并不满意,并尝试把"感知客观事物到用言辞将所感知的客观事物表达出来"的过程,假定为存在六个不同的层面,具体如下:

(1) 客观世界(客观事件、客观事物、客观现象或彼此事物之间客观存在的关系等);
(2) 通过感觉器官感知而形成直感形象或直觉;
(3) 在认知域内进一步抽象由直感形象或直觉形成的意象图式(概念框架);
(4) 将该意象图式投射到人类语言,形成该意象图式的语义框架;
(5) 将该语义框架投射到一个具体语言,形成反映该语义框架的构式;
(6) 物色具体词项填入该构式,形成该构式的具体的句子。

我们认为,这是对 Goldberg 的解释的细化,使得构式义的形成过程得以形象呈现。张伯江引用 Langacker 的关于认知语义范畴化的观点来细化 Goldberg 的解释,认为"语法描写面临的种种构式,是语言中对这些知识的不同程度的范畴化"。这一回答虽然抽象,但是通过 Langacker 的范畴化,不仅能理解基本情景的构式义的产生,而且能理解非基本情景对应的新构式义的产生。

3.构式的多义性

关于构式的多义性,国内学者持不同意见。陆俭明认为,构式不具有多义性,构式不同于句式,"把"字句、"NPL+V+着+NP"句式或者从语义上来命名的"比较句"等句式,都具有多义性。而构式是形式和意义的配对,因此构式不应具有多义性,不同语法意义的"把"字句应视为"同形构式"。齐振海通过意象图式理论和转喻、隐喻的映射,把简单的构式拓展为复杂的构式,形成构式多义现象。熊学亮认为,只有把"构式"定义成"句法结构和基本认知经验的配对",才可能满足构式语法的"辐射系统传承"的初衷,即构式语法尽量在有系统相邻或系统传承关系的语法单位之间寻找辐射的认知关联,从而通过相似性或相关性进行范畴化,减少认知过程或体验模式的数量,产生构式多义的效果。其实,上面提到的这些所谓的"多义"是不一样的。陆俭明谈到的多义是语法多义现象,或者说更多的是歧义现象。而另外两位学者说的"多义",是类似于词汇因语义引申而形成的多义。Goldberg 认为,构式类似于词汇,为了遵循语言的经济性，在概念化相似或相关的情况下，采用同样的编码，是类似于词汇引申的句法引申，于是形成多义。但是在 Goldberg 的"形式和意义配对"中，"意义"确实指的是语法意义，既然是一一配对的，理所当然不可能有多义，因此术语的界定在此显得格外重要。

  4.构式义与成分义的互动

  关于构式义与成分义的互动，主要是构式义和动词义的互动问题，至于构式义与其他成分之间的语义互动基本无人谈及。Goldberg 以英语为例把构式和构式中动词的关系分为四类。陆俭明认为，一是"精细化"关系，动词义的作用使构式义更精细详尽；二是"动态作用力"关系；三是"前提条件"关系，动词义为构式义提供了一个前提条件；四是"伴随行为"关系。陆俭明进一步认为，Goldberg 虽然一再强调不以动词为中心，而以构式为中心，但她还是没有完全摆脱"动词中心论"的影响，只是从英语的立场上来考虑问题。如果真要坚决贯彻"构式中心论"，那就不只是考虑动词义与构式义之间的互动关系，而是应在更广泛的范围里考虑进入构式的词语的意义与构式义的互动问题。这一点我们非常赞同，但是每种语言的构式因其语言系统的差异而不同，因此从英语现象归纳的"构式和动词的语义关系"只能代表英语，不能涵盖全部语言。另外，张伯江认为，Goldberg 仍然关注论元结构，因此就不难理解她更关注构式与动词互动关系的原因。陈满华指出，也有研究间接认为构式语法对构式义和词项关系的论述过于"绝对化"，完全排斥词项对构式义的作用，陈满华基于 Goldberg 原文的论述对这一看法进行了有效反驳。

三、构式语法的运用研究

  理论的运用研究和应用研究一般滞后于理论本身的研究。当理论还处于初始阶段，运用研究往往呈现出尝试性和检验性的特点，即尝试运用新的理论去观察和解决实际问题，并通过运用的过程来检验该理论。

  （一）研究背景

  汉语没有丰富的形态标记，综合性高，意合性强。构式语法在国内受欢迎跟汉语这一特点不无关系。在避免构式语法使用泛化的同时，在构式语法还很年轻就传入国内且与汉语特点契合的情况下，增加个案研究的数量、提升个案研究的质量无疑显得很重要，但只有研究不断细化才能不断充实理论，更好地运用于具体分析。总的来看，构式语法的个案研究取得了一定的成果，在质上还可以更精益求精。

（二）研究热点

国内汉语构式语法研究主要是一些个案研究以及对研究方法的探讨。个案研究主要集中在两类构式：一类是特殊句式，如双及物构式、"把"字句、"被"字句、存在句、供用句和祈使句；另一类是有标记构式，即以往认为被处于边缘地带的一些习语性结构，如"V是V了""爱V不V""VOV的""不V1不V2"，等等。

1.特殊句式的研究

这类研究所采用的方法有所不同，不同的方法反映了其使用者构式观的不同。一类以张伯江的一系列研究为代表。这些研究都紧随Goldberg的路子，仍然关注论元结构的变化，很好地结合了构式语法与功能语法，采取了从上至下的分析方式，从构式义看组成成分的各种语义语用现象，把先前学者们的研究很好地做了统一解释。一类以陆俭明的一系列研究为代表。这些研究突破了Goldberg关注论元结构类的限制，开始关注非论元结构。从这一点看，更像Croft的激进构式语法，但前面已说过，又有不同。因为陆俭明一直都十分关注研究服务于对外汉语教学，有这样一个背景存在，就不难理解他为什么更倾向于打破传统语法术语的限制，而采用认知上更容易接受、理解、记忆的表达。上述两条路子都可以沿着自己的方向继续往下走，都是构式语法应用于具体汉语事实分析的可贵尝试。

2.有标记构式的研究

这类标记研究具有喜忧参半的特点。"喜"的是，大部分研究在构式语法理论的指导下，对某类有标记构式的语义语用有了更深的认识，并且通过个案研究对构式理论起到补充和细化的作用。如刘丹青对典型构式非典型"连"字句的考察，通过这个典型到不典型的引申现象，对构式语法的研究范围、构式形成的普遍机制以及构式的跨语言特性进行了思考；吴长安对"爱咋咋地"构式的特点进行分析，并对构式形成的原因以及这类构式的表达价值进行了思考；吴为善、夏芳芳考察了口语中常见表达式"A不到哪里去",指出考察构式本身句法语义信息的同时,更要"说明构式的语境适切度",要交代表达式使用的语境以及使用的方法。"忧"的是,小部分研究从名目上来看,属于构式语法研究,即文章的题目有"构式"。实际上这一类研究在构式语法引入中国前早已有之,只是术语用的是"格式""结构""句式"等。其实从作者的观点也能看出已经有了从上至下、从整体到部分的视角,但是因为没能很好地贯彻这一理论,且没有行之有效的方法,而给人以"戴帽子""贴标签"的感觉。

因此,从这类构式研究呈现的两个状态看,真正理解构式语法理论的精神,探寻更多可行的分析方法,是很紧要的。

3.构式压制现象研究

无论是特殊句式研究还是有标记构式研究,几乎都集中在构式义与构式的组成成分(词项)义不兼容的情况,这类情况称之为"构式压制现象",更受关注的是构式义对不兼容的组成成分义的压制。主要研究有四类:李勇忠的一系列研究把 Langacker 的认知语法的范畴化和压制理论与构式语法进行结合,并明确为构式语法提供了一个新的视角,但是对于具体操作过程中的一些准则并没有给出;袁野的一系列研究,主要对构式压制机制转喻进行了探讨,提出原有转喻机制的解释无法全面覆盖所有的压制现象,提出建立广义转喻框架;王寅、董成如和杨才元等提出"构式压制观",对构式压制理论内涵、原则、动因、机制、类型以及解释方法进行深入探讨的同时,全面展开了涉及各层面构式压制现象的个案研究;施春宏在梳理了学界对构式压制内涵以及构式压制作用已有认识的基础上对"构式压制"进行重新定位;认为压制现象的解释机制不能浮于表面分类性质的贴标签,提出了需要考虑的关键角度;全面讨论了语法和修辞界面构式压制现象的类型和特征,进而深化到语法与修辞、语法学与修辞学关系的讨论;讨论构式压制得以实现的基础是进入构式的成分与构式本质上的契合;从构式压制的过程看语言"常"与"偶"背后的交际本质;最后,讨论了构式压制分析涉及的方法论,关键在于精细刻画构造的机制和约束条件。袁毓林主张把词汇与句式交互这一抽象原理具体化为操作上的规则。该研究的精细分析可谓是这类研究的一个范本。

(三)研究的盲点

从研究范围、研究方法以及理论结合来看,构式语法的运用研究都还处于摸索阶段。

因此，还有一些目前没有触及的方面或没有充分展开的研究，需要投入更多的心血和努力。

1. 研究范围

第一，词语构式研究。这方面的研究还非常少，只有孟凯关于"X+N[役事]"致使复合词（如"便民""喜人""倒胃口""热水（器）"）的研究，这类复合词具有构式性，使其呈现出由典型向边缘过渡的原型范畴，因此孟凯采用了构式的研究视角。词语构式研究可以说是值得关注的一个研究领域。

第二，语篇构式研究。篇章也是一种构式，目前真正意义上的篇章构式研究几乎没有，仅袁野的《论语篇构式语法及语篇构式压制》，对截至目前还多限于句子以内构式的研究现状进行了描述，介绍了Ostman提出的语篇构式的思想，探讨了语篇构式的压制现象，并借鉴语境隐喻和混合语类的研究尝试对语篇构式语法框架进行充实。关于语篇构式研究，可以有两种研究思路：一是将某个语篇视为一种独特的构式，对其进行具体、深入的研究；二是研究某个词语构式或句法构式在语篇中的具体运用，特别是其使用的语义背景。

第三，修辞构式研究。从修辞的角度对构式进行的研究也很缺乏。值得一提的是，刘大为第一次探讨修辞构式，既有理论的思考，又有研究方法的探寻，还有理论指导下的具体个案分析；既看到修辞构式和语法构式的区别，又看到二者的连续性，指出"将语法学和修辞学整合成一个学科统一体"的想法。而这也应了功能语法学派"用法先于语法"之说。施春宏提出，可以将构式压制现象，尤其是认知性压制现象看成是语法和修辞研究的一个界面，并认为从互动的关系来理解语法与修辞、语法与修辞学的关系，将以往的结合论提升为互动论也许更到位，这是对一类语法现象与修辞现象连续性、突破性的认识。陈满华对互文现象进行了构式的解读，提出了典型习语互文构式的显性形式和隐性形式。邓小琴对"蒜你狠"系列流行语构式进行了研究，从修辞的角度探讨了这类构式义的来源，是构式研究与修辞研究的一次典型的案例尝试。

2. 研究方法

陆俭明曾指出，语块要联系构式来认识。进而，他的后续研究明确提出了把构式与语块相结合的句法分析法，其内涵可概括为，语块是构式的构成单位，句法构式的研究必须与语块相结合，语块是构式和词项的中介。一个构式就是一个语块链，构式义通过线性的语块链来表达。"构式—语块"句法分析法是在对构式理论思考的基础上对研究方法的探寻，是尝试对传统"主—谓—宾""施—动—受"分析法的一种突破，范围限定在句法层面。陆俭明认为，提出"构式—语块"分析法，不是要替代传统的句法分析法，而是对传统的句法分析法的一种补充。新的方法的提出也面临着一些问题。比如，"语块"从计算语言学引入到构式语法是基于构式"整体包装"的特点，就是无须或不能继续往下分，那么"构式—语块"分析法是不是在实际的分析中研究到语块这一层就足够了；如果继续往下一层单位研究，是采用传统的研究方法还是寻找新的与"构式—语块"研究法内涵一致的研究方法，等等。

构式语法给我们提供了新的视野。进行个案研究需要理论支撑，同时也需要行之有效的具有系统性的研究方法。因为在摸索阶段，对于已经尝试的分析方法需要继续完善，同时也希望更多研究者对适用于构式语法的分析方法进行大胆尝试。

3.理论的结合

构式语法与其他相关理论的结合研究可分为必然型和辅助型。

"必然型"是指，两个理论的内涵是契合的，两者的结合具有必然性。比如，构式语法理论与语法化理论的结合。从语法化理论的角度来说，语法化不是孤立的单个词语的变化，而是词语在构式中的语法化，一个词语处于构式不同位置则语法化的结果也会不同。从构式语法的角度来说，很多构式之所以不能从构式组成成分推得其意义，是因为构式作为一个整体发生了语法化。通过对构式语法化路径的探讨，还可以看到构式与构式组成成分之间的互动关系。语法化是构式形成的原因之一，是构式中的语法化。又如，构式语法理论与语义地图理论的结合。语言中有很多语言形式具有多功能性，是一种跨语言或跨方言普遍可见的现象，有些构式就具有多功能性。那么，这些功能和意义之间是有动因的多义关系还是偶然的同音关系？如何判定这些功能和意义在概念上的远近、亲疏关系，以及这些功能之间演变路径如何？吴福祥认为，语义地图模型是一种很有效的方法。潘秋平2009年在北京大学的讲座中，谈到运用语义地图模型研究单个词（以动词居多）的语义地图时遇到了困难，从而提出对词所在的构式的语义地图的研究，也许能克服这些困难，并指出国外已有学者做了这方面的研究，而国内的这方面研究还处于摸索期，但是这种结合研究是大有可为的。

"辅助型"是指，一个理论可以作为分析解释另一个理论的辅助工具。比如，构式语法理论与语言类型学的结合。正如张敏所说，构式语法为人批评和质疑之处就是没有证伪空间,而语言类型学却可以作为一个行之有效的辅助手段,为构式语言学给予解释的同时,留下证伪的空间。再如构式语法理论与认知心理学相关理论的结合。同样,张敏也提出,可以把心理学和构式语法结合起来,使构式语法有实验数据来作为证伪的空间。再比如,与构式密切相关的启动理论,认为构式之间存在启动效应。在不断给予被动句刺激的情况下,被试者在遇到一个情景时,会倾向于使用被动句表达,这是启动效应的一个简单示例。目前这种启动效应还没能运用到"我送/寄/递给他一封信"对"我写给他一封信"这类启动,但是却是一个值得研究的地方。

四、展望——构式语法的应用研究

构式语法应用研究是指,明确采用构式语法理论对汉语教学中"教"与"学"两个方面展开的研究。陆俭明谈到,构式语法理论对语言的应用研究有直接的参考价值,可以改革汉语作为第二语言教学中语法教学的思路,更有助于语言习得的研究。施春宏明确主张,面向教学的汉语构式语法研究应该既包括面向教学的本体研究和教学策略研究,又包括汉语作为第二语言的二语习得研究。从目前的研究现状来看,构式语法的应用研究还处于起步阶段,施春宏对此研究现状有论述,认为"基于新的'构式'观念之下的构式研究,目前还没有系统展开,理论意识和实践分析都不充分,可以说正处于方兴未艾的阶段"。

(一) 构式语法之习得研究

Goldberg 为了致力于解决所面临的"构式如何且为什么可以被习得"这个挑战,从儿童语言习得的角度,阐述语言的概括能力的发展。

构式在母语习得和二语习得研究中将大有作为,但目前来看,此类研究还处于引介和摸索阶段。引介性的研究主要有徐维华、张辉。他们在文章中对构式语法在二语习得中的应用研究有了很好的呈现,包括构式与二语词库、构式出现频率与二语习得以及构式在母语迁移中的影响;李小华、王立飞指出,二语习得跟一语习得一样也遵循"惯用语→低域模式→构式"的发展路线,而且构式语法对二语教学的五个启示,具有较强的实用参考性；袁野论证了构式语法语言习得观的优势，同时又指出国内儿童语言习得研究的不足——重传统描写、轻理论结合，尤其是和像构式语法这样的新理论结合。摸索类的研究可见的更少，我们仅见陆燕萍在对英语母语者汉语动结式习得偏误分析中的偏误原因分析这一部分尝试运用了构式语法。

可见，构式语法的习得研究无论是理论结合还是个案研究都还大有研究空间，需要研究者投入更多的努力。比如，施春宏提到"构式意识的实证性研究"基本上是一个空白，并建议把"构式意识"纳入语言习得的元语言意识研究中，从而丰富第二语言习得理论。

（二）构式语法之汉语教学研究

构式语法之汉语教学研究处于启始阶段和摸索阶段。陈满华分析了构式语法理论对二语教学的启示，提倡"树立二语教学的构式观"，教授语言的过程中不能囿于语言结构本身，应重视构式义的阐释，淡化语法规则的作用。陆俭明、苏丹洁基于构式理论和语块理论提出"构式—语块分析法"，并试图把构式和语块结合起来改进汉语句式教学模式，同时对汉语的存在句和兼语句进行了教学效果实验测试，论证了该方法的效用。作为一种句法分析法，"构式—语块"分析法需要回答语块往下如何研究的问题并在相应的教学法上得以规避，因为语块的组成成分先于语块所在的构式，是已经教授或习得过的，因此可以整体打包，不必分析。"构式—语块"教学法提出的目的是在句式教学上突破传统的"主—谓—宾""施—动—受"的教学方法，是一次新的尝试。该教学法还处于摸索阶段，很多细节还有待充实和完善。比如，教学语言的使用、例句呈现的形式等。同时，也应该扩展与该教学法相应的教学安排、教材编写等相关研究，比如，形成有难度梯级的构式群教学进度等。只有不断完善并且与教学各环节相容不孤立的教学法才更能经得起时间和实践的检验。

施春宏从汉语作为第二语言教学学科全局的角度出发，明确指出将构式语法引入教学会对语法教学的系统性和层级性产生很大的影响，并提出篇章结合构式作为中高级阶段语法教学的重点之一，可能是对中高级阶段的语法教学教什么、如何教提出的一个可行的选择，这就将教材和教学大纲中构式系统的分布层级的完善、相应的构式教学策略的研究以及把面向教学的构式研究成果转换为教学资源的方式和策略研究提上了日程。施春宏还系统介绍了面向二语教学的构式研究现状，进而明确了这一领域未来研究的课题和研究策略，为后来的研究者指明了方向。

综观构式语法的理论研究、个案研究和方法论的探讨以及对应用研究的展望，我们认为，现在的构式语法只是提出了一种新的视角和想法，仍处于实践和探索阶段。研究者们已逐渐意识到，如果不进一步做细致的研究工作，不断向前推进，研究者对它的热情会慢慢冷却。这也正是本节对近十年国内汉语构式语法研究进行综述的目的，希望通过对这十年多研究成果的核心问题、研究热点、研究盲点、研究方法、理论建构以及未来发展态势的探讨，把汉语构式语法研究所面临的机遇和挑战具体清晰地呈现出来，给国内构式语法研究提供一点参考，从而促进国内构式语法研究的发展。

第二节 汉语构式"X 上 Y 下"整合层级

现代汉语中存在大量"X 上 Y 下"这样的框架构式，Goldberg 在其专著《运作中的构式：语言概括的本质》中对构式的定义进行了重新表述，她认为：任何语言结构，只要在形式和功能的某个方面不能从其组成部分或其他已知构式中严格预测出来，就可视为构式。即使是能够被完全预测出来的语言结构，只要有足够的出现频率，就可视为构式。"X 上 Y 下"是由可变要素"X""Y"和不变要素"上""下"组成的一个类固定短语，是"X""Y"分别附着于具有方位空间义的"上""下"之后形成的一种构式。

一、"X 上 Y 下"的整合层级分析

概念整合理论认为，语言成分的整合效应依赖于两个因素：一个是整合的"框架"，比如各类构式是一种结构框架，角色指派是一种语义框架，节律模式是一种韵律框架；另一个是输入的"元素"，即参与整合的语言成分。在"框架"的作用下"元素"产生整合效应，浮现新的意义。

"X上"和"Y下"之间可添入并列连词"和",或者选择连词"或""或是",也可省略连词,分列于同一句子中,例如:

(1)你既不能中途停歇,也不能快步而行,必须安分守己地随着人流,缓缓地向山上或是山下行进。(《人民日报》1982年6月21日)

(2)两三个月以来,在那些新开发的林区里,山上是一片伐木声和参天巨木的倾倒声;山下是推土机的马达声、锹镐声和震撼山谷的爆破声。(《人民日报》1959年7月3日)

上述例子中的"X上"和"Y下"分别表示以"X"和"Y"为参照点的方位空间,在意义上分属两个方位,没有整合的迹象,也没有新的浮现意义产生。相比上述示例,下面例子中的"X上Y下"则是进行整合的结果,产生了新的浮现意义,示例如下:

(3)转天满满装一小车,运到集上,车上车下摆得漂漂亮亮;大挂的万头雷子鞭,一包三尺多高,立在车上,像半扇猪,极是气派。(冯骥才《炮打双灯》)

该示例中的"车上车下"不再单指以"车"为参照点的方位"上""下",而是指以"车"为参照的空间域,表示"车"的全身,这就是整合的效应。

在论及概念整合理论与构式语法理论的关系时,吴为善指出:两者具有同一性,只不过概念整合理论侧重于"过程",而构式语法理论侧重于"结果"。也就是说,任何语言构式(泛指结构构式,包括从复合词语到各类句式)都依赖于组配构件之间的整合,而任何语言形式整合的结果都会形成这样或那样的构式。在从结果方面分析构式"X上Y下"的语法特点时,把其分为A、B、C、D四类。其实这A、B、C、D四类在概念整合方面对应四个层级:低整合度(A级)、次低整合度(B级)、次高整合度(C级)和高整合度(D级)。

(一)A级:低整合度

这一层级的整合度最低,方位词"上"和"下"具有典型的原型性。"X"和"Y"也都表示具体的事物,或是可以感受到其具象的事物,都表示本义,都可作为方位参照空间点,可类推性较强,示例如下:

岗上坡下 沟上坎下 阶上阶下 房上屋下

（二）B级：次低整合度

这一层级的"X上Y下"的整合度要高于A级，显著差异主要表现在两个方面：第一，"X""Y"已不是表示具体或抽象的事物名词，而是自主性的动词。其中有的动词具有可持续性，如跑、漂、滑等；有的具有非持续性，但是动作可以反复，在一段时间内可以看作具有可持续性，如：跳、蹦、拔等。第二，"上"和"下"已不具有空间方位义，跟在动词后表示方位的趋向，具有虚指特征，示例如下：

跑上跑下 递上拉下 缠上绕下 飞上舞下

该类构式"X上"和"Y下"不单指"X"和"Y"的趋向，也不单指动作的单次进行，"X上"和"Y下"已融为一体，表示动作的反复持续。也正是因为此构式义的产生，整合度也因此高于A级。动作反复持续必然是在某一时间段内进行，因此"上""下"蕴含着时间要素，在句中经常会有表示时间的词语出现，这正是A级空间域到B级时间域的映射。

（三）C级：次高整合度

如果说从A级低整合度到B级次低整合度是从空间域到时间域的映射，那么C级的次高整合度则是该构式在情感域的表现。人的认知程度渐趋提高，整合度也越高，主要表现在："X"和"Y"既不是表示事物的名词，也不再是表示单纯动作的具体动词，而是转变为具有情感色彩的抽象动词。"上"和"下"已经脱离空间义，转指具有等级义的人或事物。示例如下：

蒙上欺下 骗上瞒下 捧上压下 思上念下

由于添加了人的主观色彩，等级义因此浮现。也正是因为人的情感的施加，对事物的认知增强，在表达事物的时候，描述更具整体性和抽象性，因此整合度要高于B级。

（四）D级：高整合度

成语言简意赅，有其独特的形式与结构，该级构式的"上""下"已不再具有空间义、等级义的特征，"X上Y下"的各个要素已经融为一体，具有独特的含义，且被《汉语大词典》作为词条收录，整合度最高。这一级示例较少，比如：

七上八下 不上不下 没上没下

二、"X 上 Y 下"的语法特点

（一）A 级："X 上 Y 下"

"X 上 Y 下"中"上"和"下"具有典型的方位空间义，"X"和"Y"通常以表示具体或抽象事物的名词位于"上"和"下"前作为空间参照物。示例如下：

山上坡下　岛上岛下　房上屋下　架上架下
耳上耳下　锅上锅下　岗上坡下　楼上楼下
涧上涧下　山上山下　梁上梁下　肩上头下
草上花下　床上床下　井上井下　字上字下
棚上棚下　墙上墙下　殿上廊下　膜上膜下
炕上炕下　矿上井下　幕上幕下　鳌上鳌下

从示例可以看出，可变要素"X"和"Y"代表名词性事物，"上"和"下"表示方位义，"X 上 Y 下"在结构上可以看作是"X 上"和"Y 下"的结合体。因此，"X 上 Y 下"整体功能具备体词性特征，在句中主要充当主语和宾语，例如：

（1）整个过程不过三五分钟的样子。坡上坡下发出一片欢呼。（刘玉民《骚动之秋》）

（2）在我，只有诗歌、小说、文艺，可以闲坐在草上花下或奄卧在眠床中阅读。（丰子恺《我的苦学经验》）

（3）他们决定回家，但是一路上还是心上心下，害怕连归路也断了。他们急急地下着脚步，恨不得马上就到家。（巴金《家》）

也有少数作状语、定语的，例如：

（4）就跟他初到美国，生怕人家认为中国人的英文病语连篇，因而课上课下地显摆他的流利口舌似的。（严歌苓《陆犯焉识》）

（5）他整天地堤上堤下地忙着，上工段，回到家，随时作检查，发现偏差及时纠正。（《人民日报》1950-05-14 ）

（6）受活要天翻地覆了，就像到这当儿，车上车下的人才想起虽是去参演绝术团，可也终归是别离，终归他们是要出去做惊天动地的事情样，也就都一冷猛地静下来，一片沉默着。（阎连科《受活》）

（7）白嘉轩从父亲手里继承下来的，有原上原下的田地，有槽头的牛马，有庄基地上的房屋，有隐藏在上墙里和脚地下的用瓦罐装着的黄货和白货，还有一个看不见摸不着的财富，就是孝武复述给他的那个立家立身的纲纪。（陈忠实《白鹿原》）

（二）B级："X上Y下"

该构式中的"上"和"下"不再表示具体的方位义，而是随着可变要素"X""Y"词性的转变表示方位趋向义，方位义渐趋虚化，用来指称描述行为动作的趋向。"X""Y"由表示具体事物的名词转变为表示具体动作持续反复的谓词，"X""Y"的动作性凸显。示例如下：

漂上涌下 爬上跳下 抛上跌下 跑上滑下
抛上抛下 攀上攀下 扑上扑下 爬上窜下
攀上跃下 推上拉下 游上游下 装上拆下
钻上钻下 照上照下 运上运下 蹭上蹭下
搬上搬下 摆上摆下 扶上揆下 举上跃下
摸上摸下 传上递下 堆上堆下 飞上舞下

由于"X""Y"具备谓词性功能，所以该构式在句中的功能主要是作谓语，例如：

（1）他们本该在更大的意义上统领一代民族精神，但却仅仅因辞章而入选为一架僵硬机体中的零件，被随处装上拆下，东奔西颠，极偶然地调配到了这个湖边，搞了一下别人也能搞的水利。（余秋雨《西湖梦》）

（2）毽子变成了很听话的东西，它只是在她的脚边跳上跳下。（巴金《家》）

除了作谓语，还有少数可作状语，例如：

（3）1937年卢沟桥事变前，她曾冒着酷暑，随著名古建筑学家的丈夫梁思成在这座佛光寺那积满尘埃、摇摇欲坠的梁柱间，手持米尺，爬上爬下地丈量、考证。（萧乾《点滴人生》）

（4）蹲在门槛上的青年们，蹦上蹦下地只是哈哈着笑，有时在杂乱而愉快的吵吵声中插上几句"我们得到了学习的机会""我现在已经识三百多字了""我记个账写个简单信都行啦"。（《人民日报》1950-07-09）

（三）C级："X上Y下"

该构式中的"X"和"Y"由具有行为义的具体动作动词转变为带有感情色彩或主观色彩的抽象行为动词。"上""下"已真正失去其本义方位义，且不再表示方位趋向义，词性由名词转变为代词，产生等级义。"上""下"不再对"X""Y"进行方位趋向修饰，而是在构式中作"X""Y"的宾语。示例如下：

蒙上欺下　骗上瞒下　谀上虐下　怨上怪下
罚上奖下　护上贬下　敬上恤下　僭上虐下
敬上欺下　瞒上勾下　瞒上压下　瞒上骗下
捧上压下　拍上欺下　欺上压下　误上误下
怨上怨下　重上轻下　任上退下　推上治下
评上促下　哄上压下　敬上念下　哄上压下

由于"X""Y"都是抽象动作行为动词，"上""下"也从空间义通过隐喻作用成为具有等级义的代词。因此，该构式在句中的功能是充当谓语，例如：

（1）农业信息建设重上轻下，信息传递在基层中断（主要在县级以下的广大农业生产区域中断）。（《人民日报》2000-09-07）

（2）今年73岁的吴祖强教授是1978年从中央音乐学院院长任上退下出任名誉院长的，但教学活动却至今未能中断，仍然坚守在"作曲和作曲研究学位"博士生导师的岗位上。（《人民日报·海外版》2001-01-17）

还有很少数充当定语，例如：

（1）我村一些干部为了个人的利益，不顾国家土地管理法的规定，近几年来，采取浑水摸鱼、瞒上骗下的办法，把村里的良田大量变卖，农民已近于无田可耕的地步。（《人民日报》1987-11-11）

（2）各专区干部中有"老实人吃亏"的议论（当然这个论调是不对的），这首先是不满意天津专区刘青山、张子善等人蒙上欺下的可耻行为而说的。（《人民日报》1952-01-08）

（四）D级："X上Y下"

该级构式各个要素成为一个整体，具有独特的含义。示例如下：

七上八下 没上没下 不上不下

"七上八下""没上没下"在句子中，一般充当谓语和状语，例如：

（1）然而，当我想到我坐在桌前，远远地听到她们两个的窃窃私语时的那种情形时，不知怎的，心就七上八下地乱跳。（夏目漱石《心》）

（2）我原是召了这群小弟弟来侍候你老人家八圈的，哪晓得几个小鬼头平日被我惯坏了，嘴里没上没下混说起来。（白先勇《台北人》）

"不上不下"在句中则主要充当定语、谓语，少数作补语、状语，例如：

（1）她的名字也不上不下，叫喀秋莎，而不叫卡吉卡，也不叫卡金卡。（列夫·托尔斯泰《复活》）

（2）实际上，不只是吃饭，即使在工作时，只要一想到孩子还在等自己，就不由得草草结稿。对情人的爱恋也弄得不上不下。（渡边淳一《如此之爱》）

（3）现在不上不下地一两天就回去，妻子就会发脾气找事儿发难。（渡边淳一《如此之爱》）

本节依据语料对构式"X上Y下"的语法特点进行分析，并在此基础上借鉴概念整合理论对"X上Y下"的整合度进行研究，分为四个层级：低整合度（A级）、次低整合度（B级）、次高整合度（C级）和高整合度（D级）。A级的方位原型义突出，构式表示以"X""Y"为参照点的空间域；B级映射到时间域，"上""下"的方位义逐渐虚化，构式表示在一段时间内动作的持续反复；C级映射到情感域，"上""下"已完全脱离方位义，产生等级义，构式表示人对于具有等级义事物的态度及处置方式；D级各个要素成为一体，产生隐含义，已被《汉语大词典》作为词条收录。吴为善、陈颖曾指出，整合度越低，可分离性越强，它们的句法表现就越充分；整合性越高，可分离性越差，句法表现就越薄弱。

第三节 从动结式来看现代汉语的构式性

虽然现代汉语中词语形式多种多样，词语的应用更是复杂多样，但其句子结构却存在着很大的相似点，通过对现代汉语的构式性进行研究，有助于促进对现代汉语的深入研究和了解。

一、动结式研究范围

现代汉语动结式研究主要是针对最常见、最普遍的动补结构进行的。动补结构就是句子后面的补语结构对前面的动词产生的动作、行为、状态以及产生的结果进行补充说明。本节对现代汉语中的动结式分析主要是针对常见的结构，不包括对以下几种特殊情况的分析。

（一）复合动词

复合词可以作为单一的动词出现在句子中，意义逐渐固定化，成为日常生活中常用的词汇或者固定搭配，复合词本身不再具备短语搭配所有的结构特点，比如：在组成复合词的两个词汇中无法加入其他词汇；无法舍去其中一部分，重新成为新词；复合词所产生的意义是完全"新"的；复合词的意思无法通过分别解释两个词而合成。比如：①加强——在原有的基础上进行更坚固的处理；②澄清——讲清楚，说明白；③明白——已经对事物的意义；取得已有的看法；④压缩——减少，减轻；⑤改善——在原来的基础上进行修改完善和更改。

（二）补语表抽象结果意义

在句子中，表抽象结果意义的补语通常是句子构成中的黏着成分，自身无法独立形成句子结构，有时会对句子运用的语气产生影响。这类词在黏着的过程中已经失去了自身原有的意义,通常在句子中不会拥有独立的语意,且大多数是作为语气词出现在句子中。

(三)"把"字句

"把"字句作为一种特殊句式结构,产生的句子结构性往往具有明确的使动性,因此经常会与常用的动结式混淆。比如:"他把他自己打扮得我都认不出来了。"句子短小,结构复杂,仅仅运用动结式的分析方式无法对句子结构进行细致的分析和研究。

(四)补语所表示的意义偏差过大

补语所表示的意义与动词所表示的动作之间存在较大的偏差,无法从短语结构中分析出意义,需要进行较细致的划分,动结式的划分只是对表面意义的理解和划分,但对于短语或句子深层的含义是无法进行划分的。比如:买贵;住长;挖深等等。对于这样短语或句子的理解应当将其置于特定的语境环境中进行语境分析,这样才能对这类补语所表达的意义有所理解。

二、动结式研究的核心

一般而言,句子中的动词成分是句子的核心成分,在研究过程中应当作为句子的主干部分进行分析。因为句子中的动词是句子中的"发号施令"的主体,如对"小李洗干净了衣服"与"小李洗湿了衣服"进行对比,发现"洗"是发出动作,而"湿"和"干净"是动作的必然结果。再比如:"我听懂了你的意思"与"我听了你的意思";"宝宝哭醒了妈妈"与"宝宝醒了妈妈"等等,这样的句子在日常生活中屡见不鲜。虽然在语法结构上没有运用的错误,但在结构分析上依旧存在着一定的难度。因此,对于句子的动结式进行研究不能只按照教条的目标,因为在句子的使用过程中依旧存在着众多其他语法问题,这也有待于语言学家对我国现代汉语的进一步深入了解和研究。

三、现代汉语中动结式研究范围

（一）现代汉语中第一类动结式研究

在现代汉语的动结式研究中，动词可以指派施事，动词在作谓语时与句子中的名词性成分进行融合，其结构架式可以表述为："X通过执行V动作，或者通过作用于Y自身或者由Y所发出的动作，使Y变成Z。"举例来说："妹妹哭红了眼睛。"其中"妹妹"是句子中的主语，而造成"妹妹""眼睛红了"的动作是"哭"。那么，"妹妹"就是"X"，"哭"就是"V"，"眼睛"是"Y"，"红了"就是"Z"。句子中的动词"哭"自身无法完成动作，必须借助"妹妹"这个主语完成动作，从而形成完整的句子意义。再比如："田间活累病了爷爷。"句子中的"田间活"就是"X"，"累"就是"V"，"爷爷"就是"Y"，"累病了"就是"Z"。"累"自身是无法完成动作的执行情况的，而是和"田间活"同时执行，最后完成动作是爷爷累病了。我们在句子结构的分割中，实施者不限于仅仅是有生命的主体，只要它的存在能够带来句子意义上的变化就可以，比如："太阳晒黑了他的脸。""这对夫妻的激烈争吵声吵醒了周围的邻居。"这样的句子就是现代汉语动结式结构研究的第一类情况。

（二）现代汉语中第二类动结式研究

现代汉语中的第二类动结式依旧由施事主体提供，但主要的结构形式却变成了"X通过执行V动作或者某人通过执行V动作，X变成Y"。这类结构主要分为三种情况：第一种，受事直接形成结果。例如："眼睛哭红了""肚子饿坏了""手掌变粗糙了"。这类句式结构中只有简单的受事主体，例子中的"眼睛""肚子""手掌"都是动作中的受事主体，而"红了""饿坏了""变粗糙了"则是造成的结果；第二种，受事与对象共同形成结果。例如："火浇灭了""水烧开了""菜变凉了"。这些例子中"浇""烧""凉"都是受事主体，而"火""水""菜"都是受事的对象，由于两者的共同作用从而形成了"开了""灭了""凉了"的结果；第三种，受事与施事最终共同形成结果。"他学会了三首曲子""他听懂了我的意思""他玩腻了那件玩具"。句子中的三个"他"是句子的施事者，而"学会""听懂""玩够"是施事的动作，"三首曲子"

"我的意思""那件玩具"施事所要施加动作的主要内容,整个句子的联系构成句子的最后结果即"他学会了三首曲子""他听懂了我的意思""他玩腻了那件玩具"。现代汉语中对于第二类句子的动结式分析相对于第一类而言形式更多样,在针对现实中的实际情况进行分析时应当引起高度重视,避免由于疏忽造成句子成分混乱的现象产生。

(三) 现代汉语中第三类动结式研究

现代汉语中第三类动结式结构的分析是指由构式提供受事,由动词提供对象,即通过某人执行用于 X 的动作 V, X 使 Y 变成 Z。例如:①"一首歌拉近了他们之间的距离";②"一句话暖了他的心";③"电视看坏了孩子的眼睛"。其中①中的"一首歌"、②中的"一句话"、③中的"电视"都是"X",而①中的"拉近了"、②中的"暖了"、③中的"看坏了"则都是动作"V";①中的"拉近了他们之间的距离"、②中的"暖了他的心"、③中的"看坏了孩子的眼睛"是结构中"Z"。现代汉语中这样的结构形式相对于第一类和第二类动结式形式而言,句子的结构性更加完整,并且有明确的主语、动作以及最后产生的结果,是相对较完整的现代汉语结构模式。

现代汉语涉及中国文化发展的方方面面,体现了中国文化传承至今汉语不断演化发展的重要过程,也是中国文化中蕴含最深的内容所在。对现代汉语进行动结式的研究和划分,一方面,深化了人们对汉语的形成、发展以及变化过程的了解和探究,对于深入地了解我国古代文化、古代历史的发展具有重要意义;另一方面,也是把汉语推向世界的一扇新窗口。对现代汉语进行动结式的研究,可以促使世界各国热爱汉语研究的人才汇聚在一起,对中国文化在世界中的弘扬和发展起到重要的带动作用。同时,有助于增强我国的文化软实力,各国通过语言交流形成"汉语热",为我国现代汉语的发展提供世界性的舞台,从而推进现代汉语的深入研究,为现代汉语中依旧存在的争论性问题提供更广阔的解决空间。

第四节 构式语法下的对外汉语教学

语言是人类最重要的交际工具，随着世界经济的发展以及全球化、一体化的进程，世界各个民族之间政治、经济和文化发展的需要使得语言成为连接各个民族的纽带。与此同时，语言教学也成为社会乃至整个人类关注的焦点，有些学者认为，各个民族之间的语言既具有共性，也有其个性特点，所以语言教学既要重视语言应用的共性，又要关注语言的个性特征。

和印欧语系不同的是，汉语缺乏形态的变化，词类和句法的关系错综复杂，这一系列的特点给汉语教学提出了诸多挑战。许多学者从语言本体出发去探讨汉语教学，但是在实际应用中发现仍然存在着许多问题，对汉语中的一些边缘现象，我们的语法理论同样无法解释。任何一种语法理论都无法解释穷尽汉语中的一些复杂的语言现象。本节试从构式语法理论的角度出发，对对外汉语教学进行探讨，以期为对外汉语教学提供一定的借鉴。

一、构式语法概说

构式语法兴起于 20 世纪 80 年代，它主张形式和意义的配对，并且主张以构式为中心，把构式看作一个整体，整体的功能大于各部分之和，而不是各部分意义的简单相加。

自构式语法兴起以来，学术界开始用另一种崭新的视角去研究语言本体以及语言习得等问题。构式语法产生之前，"动词中心说"的语法观一直被学术界广泛谈及，人们一度将句子的意义归结为是由动词或者某个虚词所决定的，并进而由"动词中心说"的语法观角度去探讨语言本体。但是一些语言现象证明，这类语法理论并不能够解释穷尽某些特殊的语言现象。比如我们提到的双及物形式，配价分析理论认为动词具有支配作用，一个动词能够支配几个行动元，那么这个动词就为几价动词。在双及物形式中的动词通常是二价动词，但是我们却发现，在"吃了他三个苹果""买了大娘三个鸡蛋"这样的句子中,二价动词后面带两个行动元,似乎用配价分析理论解释不通,并且双及物形式中的动词应该是支配了两个对象,但是在这两个例子中,不管是动词"吃"还是"买",我们可以说吃了三个苹果,却不能说吃了他,可以说买了三个鸡蛋,却不能说买了大娘,也即是说在这两个双及物形式中,"他""大娘"并不受前面动词的支配。于是学术界开始使用构式语法理论去解决此问题,认为决定句子意义的并不是动词或者某个虚词,而是构式决定了整个句子的意义。

同样,构式语法的出现打破了儿童语言习得"先天论"和"经验论"的说法。沈圆在《句法—语义界面研究》一文中提到,一些学者针对儿童语言习得,提出了"句法引导"这一概念,他们认为考察和动词联系的不同构式的确能够帮助习得相关动词的意义,沈圆认为他们的问题在于误把句法联系的意义看作是动词的意义。

构式语法的兴起为语言本体研究以及语言习得和教学提供了一个崭新的视角,打破了以往"动词中心说"的传统语法观念。本节从该理论出发,希望借此为我们的对外汉语教学提供另一种教学思路,不断更新和转变教学方法及设计,解决对外汉语教学中出现的一些边缘的语言现象。

二、汉语及对外汉语教学概说

和印欧语系相比,汉语不管是在语音、词汇,还是在语法方面都是十分复杂的,这也给对外汉语教学带来了一定的挑战。

(一)汉语的特点

和印欧语系相比较,汉语有许多特点。相对于语法而言,语音和词汇在对外汉语教学中并没有那么复杂,所以语音和词汇在初期的学习中是相对容易的。

但是,单是学习语音和词汇并不能达到较好的交际效果,交际需要能够独立表达一定意思的句子,而这样的句子则需要一定的语法规则将其串联。这套语法规则对于把汉语作为外语的学习者来说是十分困难的。我们以下面句子为例,如:

例1:①小明,小心别摔跤。

②小明，小心摔跤。

例2：①他干了一晚上差点儿没累死。

②他干了一晚上差点儿累死。

在上面两例中，①句和②句的意思基本相同，但是两例中的①句都具有否定标记"别"和"没"，而②句无。我们知道否定词是表示否定意义的，但是在上面的例句中，我们几乎可以给①、②两句画上等号，而在印欧语系中则不存在这样的情况。

类似的例子还有"来北京以前"和"没来北京以前"、"入党以前"和"没入党以前"等等，这些句子有否定词和无否定词的意思是基本一样的，但印欧语系并不存在这样的情况。这就造成了对外汉语教学中的困难，以及学习者习得汉语的困难。

（二）汉语教学概说

心理语言学主张第二语言的教学应该研究和对比两种语言学习时的不同心理过程，探索第二语言学习的模式和规律，并根据不同学习对象的心理特点来考虑第二语言教学的指导思想、原则和方法，这对对外汉语教学具有一定的启示作用。但是在实际应用中发现，单从学习者的心理特点去考虑外语教学，并不能够解释语言本体的一些特殊现象。心理语言学给我们的启示是，教学者应该从不同的个体出发，根据其实际情况，选择不同的培养目标和教学方法。

心理语言学要求从心理角度去激发学习者的学习兴趣以及教学者的教学设计。但是对外汉语教学多针对用法，即怎样将语言运用于交际，怎样造出表达完整意思的句子等等。传统的语法教学一般是给出语法规则，让学生去死记硬背，其结果往往是学生并不能完全理解其用法，因而会造出一些符合语法规则但语义又有悖于人们认知的句子。

我们看这样两个例子：

例1：①他要来。

②他要来了。

例2：①他要去北京。

②他要去北京了。

例子中的①、②两句的不同之处在于②句句末多了一个"了"。在教学中，教学者往往会提醒学生注意句子中的两个关键词"要"和"了"。关于"了"，现代汉语对其的解释是:"了"用在动词或形容词后面,表示动作或性状的实现,即已经成为事实;而"要"则表示事情还没发生,即将要发生的意义。但是我们发现两个例子中的②句,"要"和"了"同时出现在一个句子中。对于以汉语为母语的学习者来说,这并不是难点,但是对于把汉语作为外语的学习者来说,这就是无法理解的语法点。

所以在汉语教学中,如果教学者只是教给学生"要"和"了"的意义,在单句中,学生可以理解,但是将两句放在一起,学生就很难理解了,会觉得两例中的②句是矛盾句。但是我们可以从构式语法的角度去给学生讲解,就不难理解了。构式语法认为决定句子意义的是构式而不是动词或者某个虚词,我们可以把②句看成"S 要 V 了"的构式,该构式表示的是马上或者即将做某事,以构式的整体意义去理解就很容易接受了。

三、构式语法下的汉语教学

构式语法自兴起以来,许多学者从它的理论特征出发,去探索语言本体,解释了一些特殊的语言现象,为汉语的习得和教学提供了许多借鉴意义,让对外汉语教学者用另一种新的视角去看待汉语教学问题,从而为对外汉语教学提供一种新的思路和新的方法。

(一)整体构式观

传统的语法观念认为动词在句子中处于支配地位,由于汉语没有形态的变化,所以表达语法意义多用语序和虚词,于是许多人认为虚词也有决定句子意义的功能。在传统"动词中心说"语法观念的熏陶下,汉语教学者在教学过程中往往比较重视动词以及虚词,认为句子的意义是由它们决定的。但是正如我们在前文说到的"S 要 V 了"的构式一样,如果教学者只是着重于"要"和"了"的讲解,在单个的"他要去北京""小明做完作业了"这样的例子中,学生是比较容易理解的,但是当"要"和"了"同时出现在句子之中,学生就很难理解了,甚至会觉得"他要去北京了"这样的句子是病句,因为"要"和"了"表示的语法意义是相互矛盾的,这便会造成学生的误解。

句子的意义并不是句中短语或者词语意义的简单相加。构式语法认为构式在句子中处于支配地位,句子的意义并不是部分意义的简单相加。所以我们在前面也说到,在教学中如果我们将"他要去北京了"这样的句子看成是"S 要 V 了"这样的构式，把它看成是一个整体，而整个构式义表达的是马上或者即将做某事，那么学生就不会去咬文嚼字，先去理解"要"和"了"的意思，再将其整合相加了。

构式语法给我们的启示就是针对某些句子，教学者应该把它们看成是一个整体的构式去讲解，而不是支离破碎地分析。

（二）从简单构式到复杂构式

陈满华在《构式语法理论对二语教学的启示》一文中举了这样一个例子：

"空座位有的是，我便找了一个靠窗的。"意思是：

A.小吃部人很多　　　B.小吃部人不多

C.小吃部座位不够　　D.小吃部没有座位

这是一道阅读题，对于以汉语为母语的人来说，这道选择题并没有难度，但是对于把汉语作为外语的学习者来说，就会陷入困境，"有的是"到底是什么意思？按照传统的语法观念，教学者在讲解的时候往往给学生讲的是"有"，它可以作为动词，后面往往接名词，表示一种存在或者所属，例如："她有一个苹果""操场上有一棵桃树"；但是当出现例5中的"有的是"这样的结构时，学生便不知道是什么意思了。

关于"有……"结构有很多种，有固定的词组、短语，也有熟语、句子等，比如：

例1：院子里有一棵树。

例2：可真有你的。

例3：有的是钱。

例4：读书很有用。

从以上四个例子中我们可以看到，四个不同的构式表示了不同的构式义。例1为一般的"有"字结构，表示一种存在义，而例4中的"有用"是一个词，在汉语词典中也有收录，这两类是学生比较容易掌握的，但是对于例2和例3，学生便不那么容易理解。这就要求教学者在教学的过程中先从简单的构式开始教学，但是应该注意的是，教学者在教授这些简单的构式时，要从整体的构式义出发，而不是单向学习者讲解"有"，否则学生在以后学习关于"有"的复杂构式时，就会陷入误区。

（三）从典型构式到非典型构式

从构式语法的角度来看，汉语教学应该从典型到非典型，"典型"是指具有基本的外在形式和核心的构式义，而"非典型"则是在"典型"的基础之上衍生的，只有掌握了典型的构式，才能更好地理解从典型构式衍生出的非典型构式。

以双及物构式为例，双及物构式的结构为"V+N1+N2"，其构式义是"有意的给予性转移"，这是双及物的典型构式，如：

例1：他送我一本书。

例2：邻居卖给我一把旧椅子。

这两个例子属于典型的双及物构式，表示的是一种物体领属关系的转移，如例1的"书"本是"他"所有，但是通过"送"这个动作，"书"则变为"我"所有。学生在学习这样典型的双及物构式时，很容易掌握其基本用法及构式义，但是当出现以下句子时，学生往往会出现理解的困难。例如：

例1：递给他一个口信儿。

例2：偷了齐白石三幅画作。

这两个例子中的双及物构式属于非典型构式，它们是从典型的双及物结构中衍生而来的，所以对于学生来说是很难理解的。

构式语法给我们启示就是在教学中，我们不能将双及物构式一概而论，而是应该将典型与非典型的双及物加以区分，从典型到非典型，循序渐进，因为非典型的构式往往是从典型构式基础之上衍生而来的，所以学生在学习完了典型的构式之后，才能更好地掌握非典型的构式。

（四）构式之间的对比性教学

动词在不同的构式中具有不同的意义，构式与构式之间细微的差别也会造成构式义的不同，而教学者在教学的过程中应该注意这些细微的差别，构式和构式之间的对比教学有助于学生更好地掌握，减少出错的概率。例如：

例1：①小明打了他一下。

②小明打了他两下。

例2：①他打了一下小明。

②他打了一下小兰。

例1和例2中的句子分别属于不同的构式，即"S+V+O+量词"构式和"S+V+量词+O"构式，两种构式有不同的构式义，前者的构式义强调的是量，后者的构式义强调的是受事宾语，我们从例子中的①、②两句例子可以看出，例1强调的是打了他一下，而不是两下、三下；例2则强调的是打了一下他而不是别人。两个构式只是宾语和量词的位置不同，但是在意义的理解上却有细微差别。教学者在对比教学中能使学生更好地理解和掌握，可以更好地减少学生出错的概率。

我们在这里提到的这两个构式，对其构件有一定的限制，并不是任何结构都可以进入该构式的，而且这两个构式并不是在任何情况下都可以相互转换的，本节在这里不做讨论，只是希望能从这两个所举的构式中得到启示，为汉语教学提供一定的借鉴意义。

（五）重视话语交际功能

Goldberg 认为，构式是形式和意义的配对，每一个配对都包含形式特征加上某种交际功能。其中的"话语功能""交际功能"即包含语用功能。构式语法理论主张语用和语义是不可分的，打破了传统语法将二者分开的观点。

一些语言事实表明，某些语言成分在独立成句的时候，其语义并不符合我们的认知，教学者在教学时往往视这类句子为错句，是绝对不能够说的。但是我们发现，当这些单句独立的时候，即没有特定的语境，其意义有悖于认知，但是其在一定的语境之下却是成立的。这就要求教学者在教学的过程中将这样特定语境下成立的句子加以说明，而不是全盘否定。

教学者在教学的过程要重视话语的交际功能，对一些在特定语境下成立的句子要加以特别的讲解，而不要认定它的绝对错误性，以免造成学生的误解。

本节从构式语法的角度浅谈了它给对外汉语教学的一些启示，不管是对语言本体的研究还是语言的习得与教学，构式语法为我们打开了一个新的视角，提供了解决问题的又一个新思路。

在语言教学中，传统的语法观念重视动词和虚词在句中的作用，当然构式语法并不是否定动词和虚词的作用，只是通过一些语言现象，看到了决定句子意义的并不是单个动词，而是整个构式。这就要求教学者在教学过程中重视整体构式义，注重形式和意义的配对，为对外汉语的教学提供一种新的思路和方法，从而达到更好地实践和应用效果。

第二章 汉语构式的发展

第一节 汉语构式"走+N 单"

构式这一概念在语法研究中早已存在，指的是具有具体形态的语言结构或字符串，换言之，就是一些固定表达式等内容。Goldberg 曾指出，具体的语义结构和与其相关的形式表达必须被看作独立于词项而存在的构式。构式作为语言单位，它是形式和意义的搭配，具有非转换性和不可预测性。汉语中"走+N 单"是一个常见构式，但能进入这个构式的"N 单"是比较少的，而且具有某些方面的共同特征。目前学界对汉语诸多具体构式的研究还是比较丰富的，但对"走+N 单"的构成、语法化历程以及语法功能和语用价值还需要进一步深入探索。本节中所有语料除特殊标注外均出自北京大学中国语言学研究中心语料库（CCL）和北京语言大学现代汉语语料库（BCC）。

一、"走+N 单"构式的构成

"走"属于典型的动作动词，它的基本语法特征是能带宾语，能作谓语或谓语中心成分。能进入"走+X"构式的主要是名词性成分、动词性成分以及形容词性成分等。根据《现代汉语词典（第 7 版）》所罗列的 3000 个左右的单音节名词，结合实际应用情况，"走+N 单"构式的具体构成大致罗列如下：

走笔 走道 走风 走狗 走光 走火 走气 走街 走路 走马 走人 走神儿 走时

走势 走兽 走水 走穴 走眼 走样 走账

除上述例子外，还有一些特殊的用法，如象棋中的棋子，每一个都可以与"走"组合，但这些不属于本节的讨论范围。

因为"走"本身的动作意义比较凸显，所以大部分的"走+N单"构式都是动词性的，但也有一些名词性的，诸如"走狗、走兽、走势、走时"等。无论是动词性的还是名词性的，其中的"N单"都要满足"走"的意义需求，不能与"走"的意义契合的"N单"是不能进入该构式的。根据"走"自身的义项，"走+N单"的意义可分为如下几类：

（1）"走"表示"移动、挪到"意义，如走笔；

（2）"走"表示"通过、经过"意义，如走账；

（3）"走"表示"泄漏、漏出"意义，如走光；

（4）"走"表示"失去、变换"意义，如走眼。

因为"走+N单"结构简单，音节紧凑，该构式的意义具有很强的概括性，这也造就了它很强的多义性。以"走气""走马"为例：

①青啤哈啤，到了北京，便要"走气"三分，所以我在北京，一般就喝燕京。（网络语料）

②在这里我们且稍作停顿，吉利果这个厂牌虽然过时，可是应该还没有走气，它和阿婶的情思和年纪有着结构性的呼应。（《四喜忧国》）

③侍婢以五彩丝挽显于第中游戏，与光所幸监奴冯子都淫，而禹山等缮治宅第，走马驰逐。（《前汉纪》）

④故曰：得十利剑，不若得欧治之巧；得百走马，不若得伯乐之数。（《淮南子》）

例①中的"走气"是指"酒气泄露"，例②中的"走气"是指"泄劲"。例③中的"走马"是指"骑马奔走"，例④中的"走马"是指"良驹、千里马"。另外，需要补充说明的是，"走光"也具有两种含义，但是"走光"有"走+N单"和"走+A"之别，其中形容词性的"光"不属于我们讨论的范畴。

能进入"走+N单"构式的单音节名词性成分不多，除上文所罗列之外，还有一些临时组成的语用现象。如：

①济南商河过年习俗：除夕"走酒"，请祖先回家过年（《齐鲁晚报》2018-02-15）

②河南息县的酒礼仪："走酒"风俗（网络语料）

例①中的"走酒"是一种祭拜祖先的仪式，例②中的"走酒"是指酒桌上的一种喝酒方式。两种用法在日常语言中都不常见，都属于临时语用现象。

二、"走+N单"构式的语法化

从历时的角度来探索构式、观察构式演变的过程，这样的研究更有利于全面地观察构式的发展。语法化是指词义在演变过程中逐渐虚化，失去原本的词汇意义，成为只表示语法关系的语法单位的过程。从另一个角度来看，语法化也可以理解为某个实词或因句法位置、组合功能的变化而发生词义演变，或因词义的变化而引起句法位置、组合功能的改变。在"走+N单"构式中，"走"与"N单"的最初的组合，其结构比较松散，意义比较单一，随着语言的发展，"走+N单"表义逐渐丰富，结构也越来越紧密。

走，为会意字，金文字形像摆动两臂跑步的人形，下部像人脚，合起来表示人在跑，因此"走"的本义为"跑"，如《国语》："虢公梦在庙，有神人面白毛虎爪，执钺立于西阿，公惧而走。"

"走"字使用范围较广，在上古汉语中"走"就开始大量运用。"走"除了单独使用外，因音节协调的制约，它大部分的用法都是构成"走+X单"结构。如：

①梁（梁）兵未出，楚见梁（梁）之未出兵也，走秦必缓。（《纵横家书》）

②民之归仁也，犹水之就下、兽之走圹也。（《孟子》）

③赵旃弃车而走林，屈荡搏之，得其甲裳。（《左传》）

④晋君大夫不敢宁居，卜筮走望，不爱牲玉。（《左传》）

⑤昔平州之臣，功大而不赏，谗臣日贵，功臣日怨而生变，平州之君以走出。（《逸周书》）

通过例子可以看出，其中的"X单"既可以是名词性成分（秦、圹、林），也可以是动词性成分（望、出），但是，以"走+N单（目的地）"的结构最为广泛。伴随"走"的词义的发展，能与"走"组合的"N单"的范围也逐渐扩大。"走+N单"构式中"走"与"N单"的关系也越来越复杂。最初在"走+N单"中，"N单"表示目的地，如"走秦""走林"，其中"秦"和"林"分别表示各自的目的地，"走"与"N单"是纯粹的动宾关系。随着语言的发展，"走"与"N单"的结构关系也逐渐具有多样性。"N单"可以是"走"的逻辑主语，如"走笔""走人"等；也可以是"走"的宾语成分，这里的"N单"不限于表示目的地，还可以表示路径，如"走街"等；"走"与"N单"也可以构成定中关系，如"走狗""走兽""走势"等。

"走+N单"构式具有一定的能产性，这一构式从上古汉语发展到现代汉语的过程中数量一直不断增加，特别到了现代汉语时期，"走光""走神""走穴"等词语开始出现并大量使用。同时"走"与"N单"的组合也越来越紧密，这种组合也由最初的短语性质逐渐演化成接近于词的构式。

①且夫偕出偕入难，聚居异情恶，不若走梁。（《国语》）
②走笔往来盈卷轴，除官递互掌丝纶（《馀思未尽加为六韵重寄微之》）
③中丞细思之，未知谁失必也正名，各司其局，古人所守，某敢忘之中丞使府，自有宾僚，某走吏也，安得同之？（《因话录》）
④张顺说："那是公家的款，总得走账呀！（《秦腔》）

非常明显，上古汉语中，"走+N单"是一个短语，例①中"走梁"与前文例中的"走秦"都表示要去某地之义，不是一个固定结构。这里的"走"的动作意义还是比较突出的。到了中古汉语阶段，"走+N单"已经结合得比较紧密了，如例②中的"走笔"和例③中的"走吏"，这里"走"与"笔"和"吏"的组合已经相对固定，其中"走"的动作意义已经开始淡化，而更多地呈现出一种趋向意义。在现代汉语阶段，因为汉语词汇双音节化趋势等因素，很多"走+N单"已经演变成固定的词汇，如例④中的"走账"等等，这里的"走"的具体动作意义就更加弱化了。

三、"走+N单"构式的语法功能和语用价值

（一）"走+N单"的语法功能

对"走"和"N单"功能的分析有利于更好地理解和运用"走+N单"这一构式，下面就来分析这一构式可以在句子中充当什么成分。

1. 充当主语

①走神是学生富于想象力的表现。（1994年报刊精选）

②走路是世界上最好的运动。（洪昭光《怎样活到100岁》）

2. 充当谓语

①张继科：在场上走神了。（《海南日报》2014-05-06）

②盗墓贼走眼了。（《彭城日报》2009-11-10）

3. 充当宾语

①你爸爸是走狗。（《周星驰喜剧剧本选》）

②刚才他那一枪像是走火儿。（刘流《烈火金刚》）

③张大千画走兽，独不画虎。（《读者》合订本）

4. 充当定语

①鹿子霖……常常为孩子念走音的句子。（陈忠实《白鹿原》）

②"走光"厕所，让人情何以堪。（《荆门晚报》2014-05-28）

③"走火"的事是经常发生的。（莫言《酒国》）

5. 充当补语

①你别看走眼。（1994年报刊精选）

②可惜这人的技术不高，塑得有些走样了。（《邓友梅选集》）

6. 充当独立成分

①走心啦！为了更好的生活和服务品质，还不赶紧行动？（网络语料）

可以看出"走+N单"可以充当大部分语法成分，其中部分构式语法功能比较活跃，如"走眼""走心""走神"等，也有部分构式语法功能比较单一。但整体来说，"走+N单"很少充当状语，这主要是因为状语主要是由副词、形容词以及表示时间、地点的名词、介词结构充当。"走+N单"主要是动词性或名词性的成分，不能满足状语的要求。

（二）"走+N单"的语用价值

通过上面对"走+N单"构式的详细分析，可以看出该构式具有一定的能产性，运用还是比较广泛的，其语用价值也具有多面性。

1.简洁有力

"走+N 单"构式，结构简单，由两个音节组成，但是它言简意赅，含义丰富。

①石知讷为殿中少监，本梁时之走吏也。（《册府元龟》）

②爸爸以前走船时买回来我吃过。（网络语料）

③且公之见招，盖以能守区区之礼也，若昧冒法义，闻命走门，则失其所以见招。（《宋史·陈师道传》）

例①中的"走吏"表示的是"供奔走的小吏"；例②中的"走船"表示的是"驾船行驶或在船上工作"；例③中的"走门"表示的是"用送礼、说情等方式向有权势者巴结、钻营，以谋求私利"。可以看出，上述三例中的"走+N 单"如果换个表述可能会造成语言冗长，表达不清。

2.形象具体

①只见火光已经冲天，毗连屋宇俱着，乃收链锤退出，将大石柱子倒拒住门，看清路往外跑。闻众声喊道："仓内走水！"（《海国春秋》）

②但如果按摩用力过大或是时间过长，就很容易让胸部变得松弛甚至是走形。（《身体保养》）

③到得江督奉旨派员查抄，只有点箱笼衣具，毫无金宝存储。知道有人走风了，提了仆役严讯，供出北京纪家有人前来下书。（《清朝三百年艳史演义》）

例①中"走水"是"失火"的意思，之所以用"走水"，有不同的理解，一是为了避火神的讳；二是希望用"水"来压制"火"；三是表示"使水走到失火的地方"。例②中"走形"是"失去原有的形状"之义。例③中"走风"是"泄露消息"的意思。很显然，上述三例构式中因"走"字的动作意义比较凸显，动感十足，使得整个构式的意义更加形象、具体。

3.幽默讽刺

①三个月了，天气热到尽头，热得不能再热，热得走油，热得令人流泪，也就凉快下来。（亦舒《异乡人》）

②郭：喝完了他得出去方便一下。

于：那叫走肾。（《郭德纲相声集》）

③医生自由"走穴"看上去很美（《中国青年报》2013-07-30）

④嘉禾三名公办教师"走穴"遭处罚（《郴州日报》2013-01-13）

例①中"走油"是指"天气太热，人身上的油脂都要化了"；例②中的"走肾"最早出自《黄帝内经》，后来演化成"尿多"的意思；例③④中"走穴"原是相声界的术语，后来引申到文艺界，甚至教师、医生等行业，带有一定程度的讽刺意味。

根据语言的经济性原则以及语言求新、求变的特点，"走+N 单"构式越来越多，使用的范围也越来越广泛，该构式也值得进一步研究。

第二节 汉语构式"X 也是醉了"

随着网络技术的迅速发展，大量新兴网络流行语不断涌现并迅速传播。网络流行语的研究是现代汉语语言研究中的一个热门话题。网络流行语"我也是醉了"来源于网络游戏 DOTA 主播的解说，后来在其他的游戏中也有所使用，其出现的语境多是指在游戏中遇到了不好的队友，除表达嘲讽的意思之外，还有一种无奈，是一种委婉的表达方式。后来逐渐在网络上流行起来并成为一个语言构式——"X 也是醉了"。研究者如赵丽华、席芳、冯媛媛等多从网络流行语的角度来对其进行分析研究。本节重点从语言学构式的角度进行分析研究，从构成、语法、语义、语用等角度对"X 也是醉了"进行全面分析。希望该研究使我们对网络流行语的构式有更加深入的探索。本节所使用的语料除了特殊标注（在文中均有详细标注）外，其他都来自北京大学中国语言学研究中心 CCL 语料库。

一、构式"X 也是醉了"的构成

（一）"X"的构成情况

"X 也是醉了"是一个简单的结构，"X"作为主语，多填入第一人称、其他人称代词或名词性成分。无论是"也是醉了"，还是"看醉了"或是"醉了"，无一不省略了主语"我"，这与现代汉语强调句法精练的表达习惯有关。

1. "X"为第一人称代词和其他人称代词或名词性成分

（1）"X"为第一人称代词。一般多为第一人称作主语，用以表明使用者主观对人或事物的感受，或不满，或无奈，或嘲讽。"醉"是形容词，本义用来形容人饮酒过量后神志不清的状态，而在"X 也是醉了"结构中用来形容一个人对某人、某事无语或不理解的心理活动，把抽象的心理活动通过"醉了"表达出来，用"X 也是醉了"来强调使用者的主观感受，使得人的心理描写更加生动形象。

①江西今天下雨，明天下雨，3 月还下雨，这天气我也是醉了！（腾讯网 2015-02-26）

②重温《泰坦尼克号》，一开口我也是醉了。（新浪微博 2015-02-07）

例①表达我对江西连绵下雨的恶劣天气的无奈而不满的主观感受；例②形容重温《泰坦尼克号》对说话者所产生的震撼，表达对经典的感慨与怀念。这种"醉"，不是说话者真的喝酒醉倒，而是说话者主观情绪的一种体现。在个人主义流行的今天，人们渴望表达和展示"我"的感受，而"我"对某人、某事的看法，是主观的、复杂的，和大众一致或者有所出入，情绪表达相对委婉的中国人面对这种情况，用"我也是醉了"既表达了"我"的内心活动，又显得不直截了当、过于生硬。

（2）X 为其他人称代词或名词性成分

"X 也是醉了"可用非第一人称代词或者名词性成分作主语，例如"这男的也是醉了""这种电影也是醉了"等。

①这男的也是醉了！吸毒后他竟在警局门口睡大觉！《楚天都市报》2016-03-02）

例句中，此时的主语并不是"这男的"，而是省去主语的一种使动用法，这在古代汉语中属于暗换主语的现象，真正的主语依然是"我"，展开完整句子的意思是"对这男的，我也是醉了"。因此，第一人称"我"才是隐含的主语。

2. 主语省略及相关拓展构式

在一定的语境中，我们往往会省略一些不言自明的成分，对"X也是醉了"这个短语来说，当主语为第一人称时，可以省略。

①乐视公关给媒体群发特斯拉负面稿子，一个中国公司去黑一家远在美国的公司，也是醉了。（新浪财经 2016-03-05）

②现在小学生的题目，真是看醉了，小学生的回答更是醉了。

③醉了！3岁女土豪书包里背2.8万现金。（E都市 2016-04-02）

在"也是醉了"的基础上催生拓展出的"也是"结构更是运用广泛，其使用也更加灵活了。"也是X了"结构的短语或句子随处可见；"醉了"也可以被替换为其他词语，如"疯了""蛮拼的"，其成分主要是形容词性、动词性词语。

①这群土豪也是疯了！一天花3万块体验当仆人的感觉。（中国青年网 2016-03-11）（形容词性）

②瑞士摄影师为自家宝贝拍了一系列妙趣横生的照片，看完你会觉得，有这样的爹爹也是够了！（搜狐网 2015-02-22）（形容词性）

③蓝魔水障碍"施魔法"让小球频频入水，球手们也是无奈了！（腾讯体育 2016-03-08）（形容词性）

④这腿也是逆天，还真赶上"胸以下全是腿"的节奏！（形容词性）

⑤越野偷别墅，头套塑料袋睡山上，这小偷也是蛮拼的。（网易新闻 2016-03-10）（动词性）

（二）"醉"语义的引申

1. "醉"的本义

《现代汉语词典》（第7版）中的"醉"有以下注释：

①表示饮酒过量，神志不清。如：醉汉、喝醉了、醉得不省人事。

②沉迷，过分爱好。如：心醉、陶醉。这美妙的音乐，我的心都醉了。

③用酒泡制（食品）。如：醉枣、醉蟹。

从词典中的释义我们可以看到，除去"糊涂"义，"醉"的基本含义是相对较稳定的，主要是指因酒精过量而导致的人的神智方面失去控制的一种状态。

2."醉"的引申义

对于"我也是醉了"中的"醉了",一开始是网络游戏 DOTA 中的游戏语言,是玩家们对于游戏技术的一种解说,例如发出对队友技艺的无奈或愤怒情绪,如"这坑爹队友也是醉了";抑或对对手技术高超的赞叹,如"大神啊!我也是醉了"。从网络竞技游戏中衍生出来的语言一般较形象直观且简短生动,而通过网络游戏流行起来的"我也是醉了"更是以飞快的速度从网上传播开来,成为汉语的一种常见的构式结构。"我也是醉了"重点在于"醉了"的引申义,使用范围广,我们大致可分为消极性、积极性、中性义用法三大类,首先是消极性意义:其一,表达无法理解对方的思想或做法,包含对对方的批评、反对,表达自己情绪上的不满。

①借凯迪拉克撞奔驰赔十几万,网友吐槽:土豪任性也是醉了!(中国青年网 2016-03-04)

②上港客战亚冠遭申花球迷挑事,媒体:争到国外去也是醉了。(中国网 2016-04-07)

例①中,从撞奔驰赔十几万这件事来表达普通人无法理解的土豪做法,对如此任性的行为表示不可思议;例②批评球迷闹到国外的错误做法,有对球迷造成不良影响的谴责之意。

其二,对某事物或行为感到无奈、无语,是一种无力吐槽、无法交流的情绪感受,也含有不屑、嘲讽、看不起之意。

①这种坑爹的队友,我也是醉了。

②奇葩男子应急车道停车扛锄头挖春笋,醉了!(中国江西网 2016-04-06)

③娱乐圈那些负能量爆棚的明星,反面教材也是醉了。(E都市 2016-04-06)

例①"我也是醉了"义同于"我也没办法了",即对一同合作的队友表示一种无语;例②男子在应急车道停下竟然只是为了挖春笋!这种行为令人感到无奈、无语,表示无力吐槽,不知道说什么好了;例③对作为公众人物的明星却充满负能量表示嘲讽。

其次是积极性用法,带有褒扬色彩,表示对某人、某事的赞同、感叹、敬佩、惊讶,有喜爱、陶醉的情感在里面。

①勉扣!库里两次秀扣篮,这弹跳也是醉了。(新浪体育 2016-03-08)

②黄河涯镇"赏花经济"醉了游客,富了群众。(德州新闻网 2016-04-06)

③福州这些绝美的森林古道,看看照片都醉了。(福州蓝房网 2016-04-07)

例①表示库里两次扣篮令人佩服，而弹跳力也是令人佩服到了极点；例②讲述黄河涯镇发展"赏花经济"富裕群众，美丽的风景使游客陶醉其中；例③讲述福州的森林古道美不胜收，通过照片都令人赞叹不已，令游客惊讶陶醉。

最后是中性义的用法。表达不包含说话者实际的情感色彩，只是发出对事物的一种幽默诙谐的调侃。这里表示不可能、不敢置信。

①司机吹爆测试仪，想想也是醉了。（网易新闻 2016-03-03）
②司机高速捡到孩子，网友醉了，这不靠谱的家长。（齐鲁晚报网 2016-04-05）
③老八这油耗，嘿，我也是醉了。（GL8 论坛 2016-04-03）

例①司机酒精测试，竟然把测试仪吹爆，场面尴尬令人好笑；例②不靠谱家长竟然把孩子落在高速上，这事真是令人不敢置信；例③对于汽车的油耗没有直接给出评价，表示一种调侃。

（三）构式中的标记"也是"分析

1."也是"的规范

"我也是醉了"的流行，最初被多人提出过异议，因为从语感上会觉得这句话不符合现代汉语的表达规范。从大多数人的语感上来讲，"也是"是不可以单独使用的，问题就出在此处。在吕叔湘的《现代汉语八百词》中，"也"本身在汉语语义中表示一种对前述的承继，它的使用条件之一就是有一个所谓的"前件"，而在这个构式中"也是"的前件没有出现，所以才让人有突兀的感觉。一般来说在"也是"前面会有一个"是"字句作为铺垫。

在朱静《浅谈网络流行语"也是醉了"》一文，列出以下包含"也是"的相关结构：

（1）"……是……同时也是……"
（2）"……不仅是……而且也是……"
（3）"……既是……也是……"
（4）"这是……也是……"

可以看到在这些"也是"的结构前面都有一个"是"字句作铺垫。因此对只截取后半部分的"我也是醉了"，从语感上看来便显得唐突。但在这里的"也"，是说话者一种间接的表达，而不是表示重复的动作。因此去掉前面的"是"字句并不影响。反而在

"主语+醉了"的结构中加入"也""也是",使句子变得生动委婉。

此外,对于"形容词'醉'作谓语时不用加系动词'是',所以'是'和'醉'不可连在一起"的问题,在"也是醉了"结构中并不能单纯把"是"看作系动词,而应看作副词,表示强调去修饰形容词"醉",从而变成有强调义的状中结构短语。因此,"也是醉了"是符合现代汉语规范的。

2."也是"的结构

朱景松在《现代汉语虚词词典》中指出"也"表示同前面说的相同或大致相同,其使用方法是"用在复句的后面的分句里,或在句子的后一部分,或用在转折让步的句子里,隐含表示在极端条件下,结果仍然相同,是表示类同意义延伸"。

我们注意到其使用方法的一个重要特征即是表示类同,应使用在后一分句中。这意味着"也"的出现应以复句"前件"为基础,"也"标明复句的"后件"与"前件"发生的情况类同。而在网络语言中"X也是醉了"中,我们无法寻找到形式上的复句前件。例如:

①男子网聊被骗3万,网友:诈骗团伙还有台词剧本也是醉了!(E都市 2016-04-06)
②遇到这样的旅游伴侣,我也是醉了! (搜狐公众平台 2016-04-07)

以上两例中,通过上下文语境,我们无法从形式上找到类同前件。那么我们的问题是:为什么网络语言中"X也是醉了"格式要使用"也"呢?

我们认为,尽管没有形式上的类同前件,但是"也是"的作用是激活语境中被隐含的具有类同特征的某一前件。如"勉扣!库里两次秀扣篮,这弹跳也是醉了",此例中"这弹跳"也是令人"醉了",表示说话者认为库里两次秀扣篮的技术已经令人佩服得五体投地,而弹跳力也是令人佩服到了极点。"也"在现代汉语中用作副词是指"同样"的意思。"是",表示认定、断定、承认、接受,有加重语气的释义。两者合并,重点强调事物此时的状态,语气更加强烈,用作肯定语气词,主要用于陈述句中,说话者所表达的意义情绪更加明显。

三、"X 也是醉了"的语法功能和语用特征

（一）"X 也是醉了"的语法功能

我们在运用"X 也是醉了"进行表达的过程中，常常会因为对"X 也是醉了"缺少正确的语义、语用认识，而在具体情境中对这个句式产生困惑，运用得不够得体。语言的功能在使用过程中不是一成不变的，而是随着语境的制约、交际目的的变化、句法结构的重组而动态变化的。下面让我们通过例证来了解其语法功能。

1. 充当谓语

①篮球上写老婆名字，一生气就打篮球，被判定家庭暴力也是醉了！（人民网 2016-03-11）

②河南禁电动三轮车，用板车送快递也是醉了。（南方网新闻频道 2016-03-11）

③保时捷倒挂车牌上路，太淘气也是醉了！（新民网 2016-03-05）

在这些例句中我们可以看到，"也是醉了"与系动词"是"结构不同，无论主语是动词性的还是名词性的，"也是醉了"作为一个强调意味浓重的状中结构短语，它充当的是句子的谓语。

2. 充当插入语

下面的例句中，"也是醉了"位于句首或句末，并且是独立开来的，删除"也是醉了"这个短语后依然是一个通顺完整的句子，因此"也是醉了"充当的是插入语。

①也是醉了！印度为了防作弊，考试时要求全部脱光，全身赤裸裸地应对考试。（华讯财经 2016-03-04）

②这笑声真魔性，我也是醉了。（新浪微博 2016-03-11）

"也是醉了"作为插入语，修饰和强调主句，起总结、解释说明的作用，表达了说话者对此事物的观点与态度，有时也为了引起听众、读者的注意。作为承上启下的插入性短语，单说也就不奇怪了。

（二）"X 也是醉了"的语用特征

在特定的语境中，"X 也是醉了"表达出使用者的心理与观点，被赋予了临时性的

含义，带有中性、褒义或贬义等不同感情色彩，为了达到充分表达主观情感的意图，我们就必须正确把握这个句式的语言功能。为了句子语言简洁通顺，结构简化，采用缩略的方式进行交流，以避免造成主语重复，同时彰显与众不同的个性，这是网络流行语独特的语言特点。

1. 简洁独特

"X也是醉了"结构简单，由三个部分组成，但是它言简意赅、简洁独特且表义丰富。

2. 表义丰富

"X也是醉了"等网络流行语幽默风趣，比起直接表达说话者的心情，显得生动形象、幽默而带着含蓄。它们用在不同的语境，满足人们情绪表达、交流的需要，展示生动形象的内心情感，或无奈，或赞赏，或嘲讽，或幽默诙谐。这些网络词语丰富了现代汉语词汇，为现代汉语词汇注入了新鲜血液，这便是语言的时代性。

3. 幽默生动

"X也是醉了"的简洁独特、幽默诙谐满足了人们多样的交流需求，迎合了人们追求独特个性的心理，短短几个字却包含无尽的深意。它融合了传统国人的中庸思想与时代发展张扬个性的自我精神，再加上开放自由的网络媒体，在众多力量的综合作用下，其广泛流行是显而易见的结果。

本节研究"X也是醉了"这一构式，从构式组成入手，逐词分析其基本结构及其语法、语义、语用情况。网络语言的产生、流行并非偶然，它们顺应时代发展的潮流，丰富了现代汉语词汇，改变了交际交流方式，拥有强大的生命力与传播能力。对于类似"X也是醉了"的网络流行语，我们坚持"取其精华，去其糟粕，为我所用"，有自己正确的价值判断，用正确的规范引导它们的发展，积极减少负面影响。本节对构式"X也是醉了"进行研究，对新兴网络语言的诞生、发展与使用进行阐释，让人们更进一步地了解网络流行语的运用。根据语言的经济性原则，"X也是醉了"这一构式使用的范围会越来越广泛，该构式也值得进一步研究。

第三节 基于构式语法的汉语违实条件句

Li 和 Thompson 根据条件句所表示的语义特征将汉语条件句分为三类:真实条件句、假想条件句和违实条件句。例如:

①如果你踩住刹车,车就会减速。(真实条件句)

②如果我是你爸爸,我就把你赶出去。(假想条件句)

③如果你早听我的,你就不会受伤。(违实条件句)

他们指出,汉语不像英语通过助动词、时态、体态标记辨别三类条件句,只能依靠语境辨别。通过语境辨别的违实条件句传达与事实相反的意思,引出违实义,是一种特殊的汉语条件句。前人已经对汉语违实条件句进行了大量的研究,但笔者发现从构式语法视角研究汉语违实条件句的文章屈指可数。构式语法是由 Goldberg 和 Paul Kay 在 20 世纪 90 年代提出的语法理论。Goldberg 提出:当且仅当 C 是一个形式和意义的结合体,且形式和意义不能从 C 的组成成分或其他先前已有的构式中严格推导出来时,C 就是一个构式。构式是形式和意义的结合体,构式范围包括语素、词、半固定和固定的习语和俗语以及抽象的句型,跨语言的多个层次,有关语言的所有知识都可用构式的网络来构建。构式语法可以为汉语违实条件句的研究提供一条新的研究思路,为其带来更加完善的解释。因此,本节以构式语法为理论基础,研究典型汉语违实构式[要不是 a,b]、[COND+NEG+a,b]和[如果早 a,b]。

一、汉语违实条件句的研究现状

违实条件句也被称为"反事实条件句",是哲学、心理学、语言学等学科的研究对象。违实条件句在哲学、心理学、语言学等领域研究成果丰硕,但鉴于篇幅有限,本节只介绍汉语违实条件句在语言学领域的已有研究。自 20 世纪 80 年代初 Alfred H.Bloom 提出"由于汉语不具有英语及其他一些印欧语的反事实标记,因此汉语母语者缺乏相应的反事实思维"这一假设以来，国内外语言学界掀起了研究违实条件句的浪潮。

（一）汉英违实条件句的对比研究

汉英违实条件句对比研究的焦点是与英语相比，汉语是否有违实标记。陈国华通过汉英对比研究汉语违实条件句的特点，得出汉语违实条件句的句法手段不像英语那样系统、单一，其形式多样，主要有："早"之类的直指词、主句句法的语气助词"呢"和"了"、"要不是"等条件从属词。英语利用句法手段实现违实义，而汉语依靠词汇、句法、语篇手段及语境实现违实义。汉英违实条件句的对比研究，是违实条件句在国内掀起研究热潮初期的研究热点。

（二）基于形态句法学的汉语违实条件句研究

蒋严采用形态句法学理论对汉语违实条件句进行考察。他非常全面地归纳了汉语违实条件句的六个特征：时态脱节、时态后移、副词"真的"、句末助词"了"、前件取否定命题及质位变换法。他还强调，无论是汉语还是英语，违实语义都无违实标记，违实语义是一个语用解释问题。王宇婴也从类似角度系统地研究了汉语违实条件句。她在前人研究的基础上考察了影响违实语义解读的词汇（时间成分、连接词、否定词、人称和违实语义加强算子）和句法因素，并通过建立"区域语境""复合句语境""语篇语境"三层语境系统解读汉语违实条件句。袁毓林提出，古代汉语和现代汉语中都有大量语法化的违实条件句式，并从语法形式和语义内容两方面研究汉语违实条件句。此外，也有研究涉及了汉语方言中的违实条件句的句法特征。

（三）汉语违实条件句的类型学研究

类型学的引入为汉语违实条件研究提供了新的视野。关于汉语违实条件句的类型学研究，主要代表人物有雍茜、强星娜。雍茜从类型学的角度研究违实条件句，指出汉语违实条件句与过去时之间的关联，并列举与分析俄语、法语、印地语等几种语言的违实标记，总结出汉语属于过去时语言，但与其他过去时语言不同的是，过去时并未在汉语中发展为虚时态。汉语违实句主要通过 HE（Hypotheticality Enhancing Marker）标记实现，未发展形成 CF（Counterfactuality Marker）标记，违实义的表达没有固定的语法词汇形式，且部分依赖于语用。CF标记和HE标记处在一种相互交换的历史循环中，以汉语为代表的一些语言始终处于循环的最初端，而另一些语言已经完成了从HE标记到CF标记的转变，还有一些形态丰富的语言正在经历从HE标记到CF标记的语法化过程。世界上违实条件句的语言标记被归纳为零违实标记和有违实标记两种，其中有违实标记又分为特定违实标记和非特定违实标记。强星娜指出，"蛮好"是上海话中的过去虚拟标记，并从类型学的角度跟吴语、北京话、浙江龙游话、西北地区方言中的相关现象做了一些比较分析。类型学研究将汉语违实条件句与世界其他语言的违实条件句进行对比和比较，以期对汉语违实条件句进行分类和加强世界语言的联系。

（四）汉语违实条件句的形式—意义研究

俞鸣蒙提出，[要不是a，b]这一结构是一种和事实截然相反的反假设，在否定了事实真相的条件句下，引出的下文也是反事实的结果和事项。主要有两种用法：一是表示说话人的喜悦、侥幸、幸运、感激等心情，二是强调原因，并带有一定的感情色彩。李晋霞研究反事实"如果"句，将[如果a，b]分为重在表达逻辑推理和表达非逻辑推理两类，并指出反事实"如果"句有语义和语用两方面的功能：凸显言者的主观态度和描绘反事实的虚拟世界。张恒君讨论了河南孟州方言的违实虚拟句"忘了+S"，发现"忘了+S"的句法主语只能是第一人称代词和第二人称代词复数，"忘了+否定式"可以独立表达反事实，"忘了+肯定式"不能独立表达反事实，对语境往往有特殊限制；"忘了+S"具有追悔功能，意在"保全面子"。这些研究探讨汉语违实条件句的形式—意义，实质上是从构式语法视角研究汉语违实条件句，但这些研究只关注某一两种典型的汉语违实构式，研究不够全面。因此本节拟在前人研究的基础上，基于构式语法理论，进一步更全面地研究[要不是a，b]、[COND+NEG+a，b]（COND指条件句连接词，NEG指否定词）、[如果早a，b]等违实构式。

二、违实构式研究

汉语缺乏成熟的语法化的违实标记，但可以通过时间成分、连接词、否定词、人称和违实语义加强算子等要素实现违实义,并且依靠的不是某一个要素,而是几个因素的组合。在语言的使用过程中,某些违实因素组合使用并固定下来,因此形成违实构式。[要不是 a,b]、[COND+NEG+a,b]和[如果早 a,b]是典型的汉语违实构式,因此本节将这三个构式作为研究对象。

(一)[要不是 a,b]

违实条件句[要不是 a,b]中,a 描述真实事件,但因"要不是"是一种与事实截然相反的反假设,所以在否定真实事件后,引出的下文是反事实的结构和事项。从形式上说,a 为词组或小句,b 常为相当于肯定句式或否定句式的反问句,反问句也是汉语条件句的违实因素之一。如:

①要不是这该死的腿病,我怎么会遭这个罪呢?
②要不是改革开放,哪能有今天!
③要不是我用了心计,大亏不早就吃定了吗?
④要不是右胸撞断两根肋骨,我差一点儿成了国家队员。

前三个违实条件句的后件都为反问句。例①和例②的后件从肯定方面问,但表达否定的意思,相当于否定句式。例③的后件从否定方面问,但表达肯定的意思,相当于肯定句式。在前两个违实条件句中,"要不是"接续词组;后两个违实条件句中,"要不是"接续小句。从语用上说,"要不是"后接续的内容为正面内容时,整句表达感激、庆幸等积极情绪,如例②;接续内容为负面内容时,整句表达自责、遗憾、懊悔等消极情绪,如例①。

(二)[COND+NEG+a,b]

在汉语违实构式[COND+NEG+a,b]中,连接词(COND)限制为"如果""要是""假如",否定词(NEG)限制为"不是""没有"。否定词"没有"后面常接名词词组(DP),而否定词"不是"后面常接小句(CP)。a 描述的内容为真实事件,但因 a 前面出现否定词,所以前件描述的事件为虚拟事件;后件描述的内容也与事实相反,这正体现了违实条件句描绘反事实的虚拟世界。如:

①如果没有丈夫的安慰和默默的支持,我可能早就没有勇气干下去了。

②要是没有李主任帮忙，我们的集资会遇到很多麻烦的。

③如果不是因为自己的任性，我应该在奥运的赛场上了。

④假如不是国家的命运发生了历史性的转变，彭修文真会以会计作为终身职业的。

前两个违实条件句中，"COND+没有"接续了名词词组；后两个违实条件句中，"COND+不是"接续了小句。这些违实条件句的前后件或隐形或显性地体现了因果逻辑关系。例③中，前件中的"因为"显性地体现了前后件的因果关系。此外，当"COND+NEG"接续正面事件时，整个句子传达说话人的感激、庆幸等积极情绪，如例①、例②、例④；当"COND+NEG"接续负面事件时，整个句子传达懊悔、自责、遗憾等消极情绪，如例③。

简言之，[COND+NEG+a，b]具体分为[COND+没有+DP]和[COND+不是+CP]两构式。当DP和CP描述正面事件时，违实条件句传达说话人的积极情绪；当DP和CP描述负面事件时，违实条件句传达说话人的消极情绪。

（三）[如果早 a，b]

在[如果早 a，b]构式中，"如果"是条件句连接词，"早"是时间副词。"如果早"后面常接"知道""了解""意识""发现"等认知类动词，其中"如果早+知道"搭配出现频率最高，是一个构式，并且在连接词"如果"丢失的情况下，"早知道"结构也可引导违实条件句。如：

①如果早知道你会有今天的成绩，当年不该对你太狠了。

②早知道你会有今天的成绩，当初不该对你太狠了。

例②是"早知道"引导的违实条件句，因此[如果早知道 a，b]已然是个构式。

"如果早+V认知类"这一结构中的隐含主语为第一人称。第一人称与第二人称、第三人称相比具有更强的违实生成能力。[如果早 a，b]这一构式赋予 a 所描述的事件为现实中发生的事件，但事件并未及时发生，所以导致负面事件产生。b 描述的事件与现实相反。这一结构凸显主观性，表达说话人的懊悔、遗憾、自责等负面情绪。如：

①如果早意识到周红是有能力支付手术费用的，她也不会错过最好的手术时机了。

②如果早知道你是这种人，我当初决不会同情你。

这两个违实条件句虽未出现显性主语，但其隐性主语都为第一人称"我"或"我们"。

例①中,说话人因使周红错过最好的手术时机而感到遗憾、自责。例(14)中,说话人对于同情了听话人这件事感到懊悔。[如果早 a, b]构式只能用于表达说话人的消极情绪的话语中,不能用于表达积极情绪的话语中。

综上,[要不是 a, b]、[COND+NEG+a, b]、[如果早 a, b]赋予 a 描述的事件为真实事件,b 为虚拟事件,整个构式描绘反事实的虚拟世界。在[要不是 a, b]和[COND+NEG+a, b]构式中,当 a 描述正面事件时,构式传达说话人的感激、庆幸等积极情绪;当描述负面事件时,构式传达说话人的遗憾、懊悔、自责等消极情绪。在[如果早 a, b]中,"如果早"接续"知道、了解"等认知类动词,其中,"如果早＋知道"已成为构式。因 a 所描述的事件未能及时发生,所以[如果早 a, b]构式总是传达说话人的遗憾、懊悔、自责等消极情绪,不能用于传达正面情绪的语境中。构式[要不是 a, b]、[COND+NEG+a, b]、[如果早 a, b]对进入的 a、b 都有限制,且对话语语境也有限制。从构式角度看待汉语违实条件句是一个新视角,为汉语违实条件句的研究拓宽视野,有助于加深对汉语违实条件句的理解。

第四节 汉语的比较关联构式

顾名思义,比较关联构式指的就是语言中一类既能表达"比较",又能表达"关联"的构式。具体到汉语来说,指的就是"越 A 越 B"这一语言格式。如下例(1)中,"孩子的年龄"以及"辨认的精确度"构成了两个连续统,连续统内部具体的某个点与其他点之间具有比较的关系,这种比较关系基本上是通过"越"这一副词标示出来的;而在"大"和"高"之间则又存在着某种相互关联的关系,这种关联基本上是通过前后强制性配对使用的"越……越……"格式标示出来的。

例如:孩子的年龄越大,他们辨认的精确度就越高。

针对这一句式,前人多有研究。有的着重于结构成分—语义的分析,有的侧重于形式句法—语义的考察，有的侧重于跨语言对比，有与其他句式的对比研究，也有的从历时或语法化的角度来考量此现象的来源。

与上述诸研究不同，本节试图在研究视角和语言视野上能有所突破。本研究将借鉴 Goldberg 倡导的构式语法的研究框架，将汉语的比较关联句看作一个构式来加以考察。在此基础上，本节将着重对这一构式的一些类型学特征进行深入的探讨。

本节的研究思路是：首先确认"越 A 越 B"是一个构式，其次分析这一构式的句法语义特征及内部变体关系；再次将集中考察这一构式的几个类型学特征；最后是文章结语。

一、"越 A 越 B"是一个构式

根据 Goldberg 的经典定义：当且仅当 C 是一个形式—意义的配对<Fi，Si>，且 Fi 的某些方面或 Si 的某些方面不能从 C 的构成成分或其他已有的构式中得到严格意义上的预测时，C 就是一个构式。又根据 Goldberg 之后对构式的说明：任何格式，只要其形式或功能的某一方面不能通过其构成成分或其他已确认存在的构式预知，就被确认为一个构式。

由此可以看出，确定一个语言格式是否是一个构式，至少要满足以下条件：（1）是一个形式—意义的配对；（2）形式或意义的某些方面不能从其构成成分或其他已有构式得到或预知。

显然，"越 A 越 B"格式是满足条件（1）的，即它有形式"越 A 越 B"，也有自身的意义，即"B 程度上的变化随 A 程度的变化而变化"，因此它是一个形式-意义的配对。

显然，"越 A 越 B"格式也是满足条件（2）的，即它在形式和意义两方面都有不能从其构成成分或其他已有构式进行预测的独特性。具体说来：

从形式上说，"越 A 越 B"不是一个遵循汉语通常结构规则的格式。主要表现为：格式中的前后两个"越"必须同时出现，不能单独使用。这一点与其他副词的单独使用形成了鲜明对比。同时，即使在前后项相同的框式结构中，似乎也只有"越"不能单独使用。

从意义上说,"越A越B"具有无法从其构成成分直接获得语义的特征,即B程度上的变化随A程度的变化而变化。这一点是无法从"越"本身或其他构成成分中预知的。正如本节开始所述,这一意义其实涉及两个关键因素:比较和关联。比较存在于A或B内部后一时间点与前一时间点之间,关联则源于共变/倚变的存在。

至此,依据上述形式和意义上的两个标准,我们就可以判定"越A越B"这一语言格式是一个构式。

二、"越A越B"是一个无界构式

本节将首先论证"越A越B"是一个无界构式,然后分析这一无界性对其内部句法成分的制约作用。

根据沈家煊的论述,"越A越B"构式符合无界性的3个基本特征:

(1)"越A越B"构式符合内部同质性特征:把构式在时间和事件轴上任意分割,取任一部分仍然是"越A越B";

(2)"越A越B"构式符合伸缩性特征:将构式在延续时间或事件上任意增加或减少一些,仍然是"越A越B";

(3)"越A越B"构式符合不可重复性特征:构式没有几次或几遍之说。

据此可以断定,"越A越B"是一个无界构式。而这一无界性特征正可以对这一构式的句法表现给以统一的解释,即构式成分的句法特征必须要与无界性这一整体构式特征相和谐。具体说来主要表现为以下几点:

(1)"越"修饰的谓词词组一定是可量化的或者是表示程度的。

(2)静态动词、量化的行为动词、准事实动词可以出现于构式中,而完成动词、达成动词、关系动词以及动词重叠式等则不可以。

(3)当"越A"做关系从句来修饰名词性成分时,这一名词性成分也一定是无界的,如例句中的"孩子"。

例句:如预料的那样,年纪越大的孩子做得越好。

(4)"越"后的谓语不能出现完成体标记"了",如例句加了"了"就不合法了。

例句：女朋友我已交过不少，越跟她们来往（了），我越发现（了），要真娶媳妇还是得找咱们中国人才行。

（5）"越"后的谓语排斥数量结构，如例句加入数量结构就不再成立。

例句：如预料的那样，年纪越大（三岁）的孩子做得越好。

（6）否定形式用"不"，不用"没"，即使事件是过去发生的也如此。

例句：越（不/没）说别买别买，人们越买得凶。

需要注意的是，"越A越B"的无界性特征只适用于"越"后的成分，不管是名词性的还是谓词性的。

三、核心构式与承继构式

与其他一些典型构式一样，"越A越B"类构式是一个家族，内部也有几个变体形式。至少包括以下几个："越A越B"，"越来越……""越是A越是B""越A越B越C（越……）"等。

根据Goldberg，可以判定"越A越B"构式是核心构式，而其他三类则是核心构式的承继构式，而且属于Goldberg所界定的实例承接连接的关系。核心构式和承继构式的核心区别就是后者不具备前者的某些语义或语用特征。具体说来：

（1）几个变体构式相比较，"越A越B"出现的频率最高。

（2）就"越来越……"构式来说。"越A越B"构式前后小句之间可以表示条件、时间等关系，而"越来越……"只能表示时间关系；"越A越B"构式的主语可以相同，也可以不同，而"越来越……"构式只能是同一主语；"越A越B"构式可以表达多样的句法位置关系，而"越来越……"构式只有一个句法位置；"越来越……"中间几乎不能插入其他成分。

此外，曹逢甫、萧素英等都明确将"越来越……"看作"越A越B"构式的下位构式；从历时上看，"越来越……"构式也正是在"越A越B"构式语法化的基础上进一步语法化来的。

（3）就"越是A越是B"构式来说。它在语义上凸显了强调的功能；而在句法上

与"越来越……"构式一样不能在某些句法位置出现,比如:

①那可就把水越搅越浑啦。

②那可就把水越是搅越是浑啦。

从上述例子看,使用"越 A 越 B"显然更合适。

(4)"越 A 越 B"构式有时候可以与三个或更多的"越"连用,可以分为三种类型:第一,有时前面几个"越"是并列关系,最后一个"越"是倚变的;第二,有时是一种倚变传递关系;第三,有时是几个比较关联句并用。第一和第三种类型显然还是"越 A 越 B"构式,而第二种则仅限于有倚变传递关系的比较关联句中。

四、"越 A 越 B"构式的几个类型学特征

国内学界通常将比较关联构式称为"倚变句"或"条件倚变句";普通语言学界则往往将此结构称为"比较条件句"或"比较关联句"或者"比例关联句"。就汉语的情形来说,有学者分析了"比例"一说的问题所在,而邢福义、曹逢甫、萧素英等很多研究也都显示"条件"仅是这一构式表达的语义内容之一,因此笔者认为"比较关联句"是最恰当的说法。

本节就来考察一下"越 A 越 B"这类比较关联构式的一些类型学特征。涉及的类型学变项主要有:(1)标记手段显性与否;(2)标记手段形式上的异同;(3)构式表达的语义关系是单义的还是多义的;(4)比较语义的来源;(5)构式的小句构成及小句间的关系。具体如下:

(1)标记手段显性与否。这里的标记手段,指的是能标示比较关联这两种语义关系的词汇或语法手段。大多数语言都是使用类似"越"一类的显性标记来标示,但也有一些语言是没有显性标记的。

(2)标记手段形式上的异同,即前后小句是否使用相同的标记成分。有的语言中前后小句的标记成分是一致的,如汉语中是"越 A 越 B",英语中是"the+-er, the+-er",例如:

The more you talk, the less he listens.

而有的语言从语序上说类似于汉语和英语，但前后标记成分则是部分相同。

（3）构式表达的语义关系是单义的还是多义的。汉语的"越A越B"构式只表达比较关联的语义关系，英语也是如此，但是也有一些语言中的这一构式除表达比较关联之外还表达了其他语义关系。

而就前后小句的语义关系来说，此构式通常表达的是条件或时间的语义关系。而两者比较，条件义又是占优势的语义关系，比如曹逢甫、萧素英就指出，"越A越B"构式除了偶尔表"时间"外，一般都表示"条件"。

（4）比较语义的来源。比较关联句中的"比较"语义是通过单独的比较形式来表达的，即"关联标记+比较标记"，将比较和关联两种语义词汇化入了一个标记中。

（5）构式的小句构成及小句间的关系。比较关联句都是由前后两个小句构成的。就前后小句的关系来说，虽然也有个别学者有其他看法，但绝大多数学者都认同前后小句是主从关系的说法。从整体上说，我们认为"越A越B"构式同英语中的相应构式一样，是一个句法上对称，但语义上并非对称的结构，或者说这是一个句法—语义错配的结构。

从构式的视角来看，汉语的"越A越B"符合构式的典型界定，是一个典型的构式。这一构式是其构式家族的核心构式，而"越来越……"等变体则属于核心构式的承继构式。

从类型学的视角来看，"越A越B"构式具有以下类型特征：（1）使用显性标记手段；（2）标记手段前后形式上一致；（3）构式表达的语义关系是单义的；（4）比较语义词汇化入了单一标记中；（5）构式前后小句是形式上并置而语义上主从的错配关系。

第三章 二语习得概述

第一节 二语习得的研究对象、基本概念及学科性质

一、二语习得的研究对象

二语习得研究的是学习者以何种方式学习母语以外的另一门语言。它对学习者的第二语言特征及其发展变化、学习者学习二语时所具有的共性特征和个别差异进行描写，并分析影响二语习得的各种因素。

二语习得涉及学习者、所学语言以及学习者的第一语言、学习方法等。目前，二语习得研究大体上分为两个研究对象：①对语言学习本身的研究。包括第一语言对第二语言习得的影响，第二语言的输入、处理和输出，语言的习得过程，语言知识的构成等。②对语言学习者的研究。包括学习者的年龄、个性、性别、学习动机、学习方法、认知特点等。

比如，对语言学习本身的研究。研究表明，儿童在习得母语的过程中对一些语音和语法结构的掌握都遵循一定的顺序。以英语语音的习得为例，儿童通常先学会唇音，后学会软腭音；习得英语语法规则时儿童也遵循一定的顺序，如进行时态词缀"-ing"比冠词"the""a"等先习得。那么，在二语习得的过程中学习者是否也会像在自然的语言环境中那样遵循一种天然的学习顺序呢？研究表明，二语习得过程中学习者所犯的错误与自然环境中的习得者所犯的错误非常相似。在自然环境中较早习得的语言结构在课

堂中也很快被掌握，在自然环境中较晚习得的语言结构在课堂上学生也感到吃力；在二语习得的过程中，学习者似乎也遵循着一种天然的学习顺序，且使用的策略与母语习得有相似之处。

二语习得不光涉及所学的语言系统本身，还要受学习者的母语系统、认知心理、个体差异（如年龄、性别、学习态度与动机、学习能力等）、语言的学习和使用环境等诸多因素的影响，这就使得二语习得研究不可避免地要考察这些因素和它们之间可能存在的关系，以及其对学习者二语能力发展的影响。

同时，二语习得过程中，学习者也存在不少差异。在同一课堂里学习，学习者的成绩有优有劣；学习者的态度各异，有的兴趣浓厚，有的却心存抵触；在学习方式上，更是千差万别，有的喜欢小组讨论，有的喜欢单独学习，有的喜欢老师多讲授，有的则希望多进行角色扮演。

影响二语习得的这些因素，同时也是其他独立学科（如理论语言学、心理语言学、社会语言学、认知心理学、社会心理学、社会学、教育学等）的研究对象。因此，其他学科的相关理论和研究方法，甚至具体的研究发现，也常为二语习得研究所借鉴。对二语习得的研究，可以从多个不同的角度进行考察，并借鉴这些不同领域中有关的研究方法。

二语习得研究跨学科的性质不可避免地带来了其研究对象的多样性。埃利斯将这些对象分为四大类，即学习者语言的特点、学习者外部因素、学习者内部机制和学习者个体差异。

影响二语习得的内、外部因素。内部因素方面，研究者们着重探讨三方面内容：一是语言习得机制，二是语言迁移，三是学习者的认知特点。

人们在习得母语时人人都能获得成功。为了解释这一现象，揭示其中的奥秘，许多研究者从不同方面做了积极探索。Chomsky 的解释是：人脑中存在一个具有遗传性的语言习得机制。这种机制使我们具有关于人类语言的特点和结构的基本知识，使我们能顺利地学会母语。然而到了二语习得阶段，这种语言习得机制是否还存在，且仍起作用呢？这是目前二语习得研究领域的热点问题之一。另外，习得第二门语言时，学习者已具备了一定的母语知识，这种知识对二语习得是否有影响呢？研究表明，习得二语时，学习者会不由自主地套用母语的语言规则来理解、运用二语，因此导致语言迁移，有些迁移是促进二语习得的，有些则会阻碍二语习得。近些年来，随着心理语言学的迅猛发展，人们也已注意到学习者的认知特点对语言习得的影响，因此开始从认知的角度来研究习得者理解、加工语言输入并产生语言输出的心理过程。

影响二语习得的外部因素主要有两方面，一是社会因素，二是语言输入。一方面，语言习得的成败在某种程度上受到社会因素的间接影响。自然的语言环境和正规的课堂环境对学习者习得二语的影响自然会不同；另外，学习者所处的社会阶层、学习者的国家对二语的态度等均影响到他们的二语习得。学习者的国家与目标语国家之间的文化差异也或多或少会影响其目标语的学习。

另一方面，学习者所接触的语言输入对习得也产生一定的影响。质的方面，母语习得中儿童接触到的语言输入多是一些加工过的语言，这些语言形式简单，便于儿童理解，对儿童顺利习得母语起了一定的作用。而事实上二语习得者却很少接触到类似的语言，因为人们不再把他们当儿童看待，然而二语习得同样也需要可理解的语言输入。量的方面，母语习得过程中儿童是在语言的海洋中泡大的，他们几乎每时每刻都有机会接触到大量的自然语言输入，而二语习得过程中，学习者主要通过课堂学习来获得外语输入，所获得的输入量毕竟有限，且常常是非自然的语言输入。这些对二语习得都会产生一定影响。

二、二语习得的基本概念

（一）第一语言和第二语言

第一语言：学习者从小首先接触和掌握的语言，母语通常被称作第一语言。本族语和母语多数情况下是从幼儿时期首先习得的语言，因此是第一语言。例如，我们土生土长在汉语语境中，我们的第一语言是汉语。如果我们土生土长在英语语境中，我们的第一语言则是英语。

第二语言：第二语言指的是在习得母语之后再学习的另一种语言，是相对第一语言而言的。

第二语言习得（二语习得）：学科的通名。一般来说，二语习得指的是在学习本族语后学习一门非本族语，二语指第一语言学习之后的任何一种语言，不管它是第二、第

三、第四或第五种语言。

第二语言的习得有可能发生在自然的语言环境中，比如母语为汉语的英语学习者在英国学英语；也有可能发生在正规的课堂环境中，比如我们在中国的课堂里学英语。在后一种情况下，第二语言又被称作外语。外语是从国家角度界定的，第一语言和第二语言则是从个人角度按习得语言时间的先后顺序定义的。

目标语指的是学习者正在学习的语言，如母语为汉语的中国学生正在学习德语，那么德语就是他的目标语。

（二）"习得"与"学习"

"习得"与"学习"是获得语言的两种途径。"习得"是指在自然状态下非正式地学习语言。"学习"是指有意识地、正式地学习语言，即学习者有意识地学习语言的规则，如语法规则等。这种学习相对于习得来说，需要耗费时力。

语言习得往往指母语习得，指的是儿童在自然的语言环境中自然而然地（潜意识地）习得母语。语言学习指的是在正规的教学环境下，学习者对第二语言（或称外语）有意识地学习。20世纪70年代中期，语言学家Krashen把语言习得与语言学习明确区分开来，前者发生在自然的语言环境中，后者则发生在课堂环境中。在Krashen看来，不仅母语能习得，第二语言在自然语言环境中也能习得。

在一些文献中，对"二语"和"外语"、"习得"与"学习"往往不做区分。

"习得"意义广泛，有些人或许更倾向于使用"第二语言研究"这一术语，因为这个术语指使用或习得第二语言的任何情况。

（三）"能力"和"表现"

在语言研究中"语言能力"和"语言表现"往往有很大区别。能力是由语言规则在脑中的图像组成。语言规则构成说话者和听话者的内部语法。语言习得研究——不管是第一还是第二语言习得——都对能力怎么发展感兴趣。不过，因为我们不能直接考察学习者内化的规则，所以我们只能考察学习者的表现。

表现是对能力的实际运用，可以直接进行观察。表现主要是指学习者的输出。学习者的输出内容为我们考察内部规则提供了一个窗口。所以，就某种意义来说，二语习得研究就是关于输出的研究。它要看学习者实际说出的话，这些被看成是学习者脑子怎么想的证明。

在进行第二语言习得研究时，应特别注意两个层面的区别与联系。这两个层面一个是实际语言层面，一个是心理层面，既可以从实际的语言现象来探讨说话者的心理活动或内部机制，也可以分析学习者的内部心理机制，探讨实际语言的表现。

三、二语习得的学科性质

（一）学科性质

二语习得研究不是一门单一的学科，具有跨学科的特点。它从众多相关学科中吸取营养，但又并非是这些学科的简单综合。二语习得研究除了从语言学、心理语言学、社会语言学、认知语言学、跨文化交际学、心理学、教育学等学科借鉴和吸收有益的理论、方法和研究手段外，它还从哲学、社会学、社会心理学、认知心理学等社会科学以及神经系统科学、神经生物学、神经语言学等自然科学中吸取营养。

二语习得是一门具有研究性质的学科。它的目标不仅是对理论的介绍，还要讨论如何进行相关问题的研究。所以，很多此类著作中都用大量的篇幅介绍研究者的研究方法和研究成果，并对这些研究做出一定的评价。

（二）学科属性

关于二语习得的学科属性，目前至少有四种观点：

（1）认为它属于语言学/应用语言学。这是国内外传统观点，至今多数学者仍持这种看法。

（2）认为它属于教育语言学。

（3）认为它属于认知科学。

（4）认为它是一门独立的学科。

显然，关于该学科的属性仁者见仁、智者见智。国内外语言学界的传统观点一直认为它属于应用语言学，但近年来不少人对此提出了质疑，认为该学科应属于教育语言学。

首先，从该学科的起源来看，二语习得研究起源于20世纪60年代末70年代初，Chomsky的理论在语言学界和其他相关的领域爆发了一场革命。

在二语习得研究早期，不管是Selinker的"中介语"理论假设、Cod的"偏误分析"理论、Lado的"对比分析"理论，还是Krashen的"监控理论"，都深深印有乔氏理论的印记。比如，Selinker在探讨二语学习者的石化原因时，提出了第二语言学习者在学习过程中有一个和第一语言习得机制相对应的东西起作用，叫作"心理结构"，而石化就是"心理结构"萎缩所致。所谓"语言习得机制"正是乔氏提出的假设。同样，Cod的"偏误分析"则大量借鉴了乔氏对语言能力和语言表现之间的区别的论述。至于Krashen的"监控理论"，其"习得"不同于"学习"的论点曾引起二语习得界广泛争议，而"习得"这个假设正是乔氏理论体系的一个核心。正是因为二语习得理论的形成和乔氏的语言理论体系有着千丝万缕的联系，人们普遍把这一学科属性归到应用语言学领域。

其次，该学科在发展过程中许多成果的取得离不开其他多种学科的研究成果。

最后，在实践中，学者们从不同角度对二语习得进行研究，取得了不同的研究成果。打开不同的二语习得方面的著作就会发现，有人从社会学角度进行研究，有人从语言学角度进行研究，有人从心理学角度进行研究，有人从认知科学角度进行研究，有人从文化交际角度进行研究。也可以说，在二语习得学科的发展过程中，它涉及语言学、教育学、心理学、社会学、人类学、认知学和跨文化交际学等多种学科。

我们认为，随着二语习得研究成果的不断丰富，目前它已经成为一门独立的学科。

在实践方面，将二语习得作为一门独立的学科，既可以引起人们的重视，加强相关问题的深入研究，又对我国高校的课程设置、人才培养和师资队伍建设具有重大的现实意义。

同时我们也应该清楚，既然二语习得研究的领域涉及多种学科，那么对本学科相关问题的深入研究也应该从不同的角度及时结合并吸收相关学科的理论成果，来充实和发展本学科。

总之，经过半个多世纪的发展，二语习得已经成为涉及多种学科的一个独立领域。

第二节 二语习得的历史回顾

二语习得研究始于20世纪60年代末70年代初，之后发展迅猛，出现了大量关于二语习得者的言语特征和言语变化的实验性研究，也相应地建立了不少理论框架。迄今为止，二语习得研究的发展可概括为三个阶段。

一、早期研究（20世纪60年代前后）

在20世纪50年代和60年代初，对二语习得的分析研究主要是为辅助语言教学服务的。

20世纪50年代和60年代，Chomsky革命影响到语言学及语言习得领域。最初引起人们兴趣的是对母语习得的研究，后来逐步扩展到外语教学领域。有些影响一直持续到今天。

直到20世纪50年代，语言学习理论都是以结构主义为基础的。这种方法的特点是：确信语言的系统包括一组有限的"模式"或结构作为模型，可以产生无限数量的同样构造的句子；相信可以形成准确、流利的语言习惯；鼓励学生交流自己的想法。

当时在语言学习理论占主导地位的是行为主义。

（一）行为主义的学习观

行为主义的学习理论建立在"刺激—反应"心理描写的基础上，认为任何一种学习都需要经过反复训练，然后达到熟练的程度。受行为主义影响，在语言学领域，语言学习也被认为是一种"刺激—反应"的过程。

该观点认为，人类的许多行为都处于很多刺激的环境中，如果一种刺激不断进行，相应的反应将会增强。通过反复强化，一定的刺激会引起同样的反应，并形成一种习惯。因此，任何技能的学习都被看作是习惯的形成。

语言学习也一样，当说话人说出一句问候语，如果得到听话人的理解并做出回应，说话人的话语就会加强，就会逐步习得这句话。反之，就无法习得。学习者将做出另一个新的尝试。

行为主义的理论和方法在20世纪50年代和60年代影响甚广。行为主义者认为，二语学习者就像孩子们学习他们的母语一样学习第二语言。第二语言的学习也要经过一个反复训练的过程。在课堂上，教师经常要求学生模仿和句型重复，有时候不一定要求学生注重意义。

（二）对比分析

语言学习被视为一种习惯的形成。当孩子学习母语时，这个过程相对简单：他们所要做的就是根据环境刺激形成一套习惯。然而，当学习第二语言时，他们遇到了新的问题：他们已经有一套行之有效的母语的"习惯"，因此学习第二语言的过程就涉及用新的习惯代替那些旧的习惯。如果新的语言跟母语一致，那么习得母语时形成的习惯对新的习惯的形成就有帮助；但如果新语言的规则跟母语不一致，就会对学习形成干扰。

一种称为对比分析的研究方法应运而生。为了确定其中哪些"习惯"可能会造成干扰，人们就要运用结构主义方法对这两种语言的结构系统进行对比。

对比分析法的目的之一就是通过语言之间的对比以确定潜在的错误。Lado指出，对比的最终目标就是预测学习者的难点。学习者的母语与目的语之间的差异被认为是二语学习者困难的主要来源。这就是对比分析假说。

毫无疑问，学习者的母语对二语学习有一定的影响。但研究者也发现，并不是所有的错误都是对比分析假说所能预测到的。实际上，二语学习者的不少错误似乎与他们的母语和第二语言无关，不同的母语学习者也经常犯同样的错误。

尽管对比分析法在20世纪60年代盛极一时，但是，对比分析法在理论上和教学实践中都存在一些问题，所以从20世纪70年代初开始受到批评，走向衰落，并逐步被偏误分析取代。

二、中期成就（20世纪70年代和80年代）

70年代初，行为主义理论和方法受到人们的质疑和批评，特别是对比分析理论对二语习得者错误的预测出现问题，从而导致新理论的出现，在第二语言习得领域出现了系统的大量的研究。这些实证研究的结果，推翻了当时关于二语习得的一些观点。这一时期先后出现的理论和方法有：偏误分析、中介语理论、监控模型假说、习得顺序假说、文化适应模式等。

（一）偏误分析和中介语的诞生

人们注意到，通过对比分析做出的预测在实践中似乎无效。许多教师发现，语言之间的差异并不一定是学生学习中最困难的，同时，母语跟目的语之间的共同点也不一定是学习上的容易之处。这些问题很快就得到有关研究人员和教师的关注。

对比分析预测，所有的错误都是由母语干扰引起的，此种观点毫无根据。二语习得研究证明，学生所犯的大多数错误无法追溯到母语。那么，学习者的偏误跟什么有关？什么原因造成这些错误呢？于是，一种以分析学习者二语偏误为主要研究对象的研究方法应运而生。这就是偏误分析。

Cod开始关注学习者的错误，研究表明，大多数英语学习者所犯的错误并不是来自他们的母语。因此，他提出学习者使用的第二语言本身也应该被视为一个独立的语言系统，而不是一种存在各种错误的语言，因为"错误"是相对于标准的目的语来说的。

二语习得研究者开始将学习者的各种错误进行分类，并跟孩子学习母语时的情况做比较。在儿童语言研究中，儿童的语言被视为研究的对象。不可否认的是，第一语言确实会影响第二语言，但不能以此作为出发点来预测第二语言可能出现的错误。

1972年，Selinker提出"中介语"的观点。中介语是指所产生的二语学习者的语言，是一个动态的、可以以系统的规则加以描述的系统。中介语包含两个基本概念：通过学习者产生的语言本身就是一个系统；它是一个动态的系统，随着时间的推移而不断变化。中介语研究使得第二语言习得研究向前迈进了一大步，它要研究的是学习者的语言系统，而不仅仅是有错误的那部分。

可以说，二语习得中的偏误有些来自母语的干扰，通过对这些错误进行分析，教师可以提高教学效率。研究学习者的中介语，不是为了发现新的教学方式，而是希望进一步研究人们学习第二语言的一般规律。

因此，20世纪70年代和80年代的多数研究仍以实际需求为目的，希望解决教学中的实际问题，多数带有经验特征。这个时期，也有学者想将这些学习者的问题全面地加以概括总结，尝试建立一个概念化的模型，这就是Krashen的监控模型。

（二）Krashen和他的监控模型

20世纪70年代末，Krashen发表了一系列二语习得研究的文章和著作，其中提出了他的"监控模型"假说。此后，经过不断地改进和扩展，在20世纪80年代初，形成了以五个基本假设为基础的一般理论。这五个假说是：①"习得"与"学习"假说；②监控假说；③自然顺序假说；④输入假说；⑤情感过滤假说。

1. "习得"与"学习"假说

这一假说产生了极大的影响，至今仍存争议。Krashen声称"习得"与"学习"是两个独立的过程。"习得"指的是在自然交际环境中使用语言，它是一种潜意识的语言发展过程；而"学习"则是第二语言学习者有意识地学习语言规则的过程。"习得"主要发生在以传递信息为主要目的的语言自然交际环境中，参与者关注的是"意义"，而不是"语言形式"。与此相反，"学习"主要发生在课堂上，其关注的对象是语言形式和语法规则，发现错误和纠正错误往往是学习过程中的重点。

Krashen对"有意识"与"潜意识"的定义较为模糊，曾受到批评。尽管如此，将"习得"与"学习"区别开来仍有很大的影响。但二者是否各自独立地、通过不同途径获得知识，今天依然是一个有争议的话题。

2. 监控假说

监控假说指出，通过学习获得的语言知识在头脑中起到监控语言的作用。监控就是指说话者对自己所说的语言进行检查和控制，也就是说，用所学的有意识的语言规则、知识等对所说的语言进行质量检查。这种检查可以在话说出之前，也可以在话说出的同时，或者之后（也就是我们常见的自我改正）。一个人使用监控的程度取决于多种因素，这包括他在用语言做什么事情。如果是在做语法填空练习，那么监控的使用程度就会很高。一个人的性格也会影响使用监控的程度。另外,语言使用者所受的时间限制也会影响监控的使用。

然而监控假说也受到批评,因为它无法通过实证研究得到验证。

3.自然顺序假说

毫无疑问,自然顺序假说是得到实证证据支持的。学习者习得语言的规则,有一定的顺序,一些规则的习得早于另外一些规则。

然而,Krashen 并没有对自然顺序形成的原因进行深入的讨论。他也认为自然顺序并不一定是一种严格的线性顺序,并提出在自然顺序的基础上同时会存在一些语言发展的分支。

4.输入假说

Krashen 认为,人类只通过一种方式获得语言,那就是对信息的理解,即通过吸收可理解的输入信息来获取语言知识。只要学习者听到有意义的语言信息并设法对其进行理解,就会产生语言习得的效果。如果语言信息并没有什么意义与内容,或者由于某些心理障碍,有意义的语言信息无法进入学习者的头脑,那么就不会产生任何语言习得效果。Krashen 认为听这一活动对语言习得是至关重要的。他主张输入的语言信息既不能过难,也不能过易。他用 i+1 的公式来代表他的主张,i 指学习者目前所处的语言水平,i+1 是学习者下一步应达到的水平。为了使学习者有所进步,向他输入的语言信息只能略微超出他目前所处的水平。

Krashen 认为,输入假说的观点是他理论的核心。

5.情感过滤假说

Krashen 认为,学习者需要接受可理解的输入语言习得,这并不够。Krashen 断言,在人类头脑中会出现语言的堵塞现象,使学习者常常无法理解所接受的语言输入信息。他称这种堵塞为"情感过滤"。

当学习者没有学习的动力或积极性、没有信心、非常焦虑、精神和身体状况不佳的时候,情感过滤就会启动,使语言信息无法通过,达不到获得语言知识的效果。如果情感过滤关闭,学习者就能够充分利用所输入的语言信息。Krashen 推测,在人体发育的青春期前后,情感过滤的作用力会有巨大的增长,成年人会有更多的情感变化和自我意识。在第二语言习得中,这也是成年人与儿童的重要区别之一。

虽然研究人员和教师认为情感因素在二语习得中扮演着重要的角色，但Krashen的情感过滤仍然是一个模糊的理论。比如：①如果青少年缺乏自尊、自觉，也许大概就是有一个"高"的过滤，那么，他们就学不好语言了吗？②相反，那些性格外向、对自己充满自信的人（即有一个"低"的过滤）就能够学好语言吗？显然不是。所有这些问题都需要证据和进一步的研究。

语言习得装置在Krashen的理论中占有重要的地位。Krashen认为该装置是由人类头脑中学习自然语言的各种能力组成的。在学习第一语言时，人们可以对其进行充分利用，而在第二语言习得中，语言习得装置的作用取决于情感对语言信息过滤的程度和输入语言信息的可理解性。当输入的语言信息被吸收至语言习得装置，语言习得装置就可以对这些信息进行处理。Krashen认为，第一语言对第二语言的影响并不是一种必然的现象，在第二语言习得中出现第一语言转移的现象是由于学习者缺乏足够的第二语言知识来表达思想。由于用来表达思想的语言和所要表达的思想存在着差距，因此第二语言学习者常常不得不借助于第一语言。出现第一语言转移往往是由于在某些课堂练习活动中，或者在某些场合，第二语言学习者被迫过早地使用第二语言来表达他们的思想。Krashen还认为，在第二语言习得初期总是有一段"无语期"，在"无语期"内，学习者保持静默状态，极少用所学语言讲话。他们只是通过听和读来理解向他们输入的语言信息，用这种办法来不断增强自己的语言能力。

Krashen的思想对许多研究影响深远，大大推进了人们更好地了解二语习得的步伐。例如，Krashen主张，向学习者输入的语言必须是能够被其理解的语言，不能太难也不应过易。他的这一观点的正确性是不言而喻的——无法理解的语言信息，当然是无助于语言学习的。

Krashen对"学习"和"习得"的区分，实际上反映了他对人类头脑有不同分工的主张。通过学习而获得的语言知识和通过习得所获得的语言知识在人类头脑中起着不同的作用。这一主张支持了目前较为流行的一种观点，即人类大脑的各个不同部分是有不同分工的，有的负责数字，有的负责推理，有的负责语言等。但是，把通过学习获得的语言知识和通过习得获得的语言知识看成是毫无联系的两种知识是难以找到事实根据的。到目前为止，还没有任何人通过实验证明，语言习得与语言学习是截然分开的。

（三）舒曼的文化适应模式

20世纪70年代以来，还出现了其他一些二语习得研究成果，同样尝试推论不同的理论模型。其中一个模型，它从一个完全不同的角度看待二语习得，在随后的几十年中，也仍然有影响力。这就是舒曼的文化适应模型。

由舒曼创建于20世纪70年代末的文化适应模式理论从社会环境因素和学习者个人的心理因素的视角对第二语言习得的动力机制及学习者语言的洋泾浜化现象做出了独到的解释，为学习者深入了解第二语言习得规律、创造有利的习得环境提供了理论依据。

舒曼认为，文化适应取决于社会距离和心理距离两个因素；文化适应的程度取决于第二语言习得的进程。社会距离的构成包括：社会主导模式、融入策略、封闭程度、文化相似性、凝聚程度、态度、打算居住时间。心理距离的构成包括：文化休克、语言休克、学习动力、语言疆界的渗透性。

三、近期成就（20世纪90年代以来）

到了20世纪80年代中期，二语习得研究不再从属于课程发展与教育的语言教学法的现实要求。它已经发展成为一个更加独立和自主的研究领域，有其独立的研究内容、理论取向和研究方法。

（一）探索不同的研究方法

一方面，二语习得研究与其他相关学科的联系并没有消失；另一方面，开启了许多新的研究领域。二语习得研究与语言结构和语言使用的研究继续广泛开展，表现为语言变异和变化的研究。也有一些研究人员开始寻找确定第二语言习得的序列和发展顺序的方法。有如下一些研究方法和途径：

第一种方法是检查学生的偏误是否随时间变化。但没有语言学习偏误的总的误差分析，也没有成功地提供有确凿证据的清晰发展模式。

第二种方法是在一段时间内检查样本和收集学习者语言的数据，以确定具体的语言特征出现的时间。这种方法被广泛地应用在母语习得上，但不太常见于二语习得研究。

第三种方法是强制性的场合的分析，程序如下：

（1）收集自然发生的学习者语言样本；

（2）确定具体的语言功能的使用场合；

（3）计算正确使用的百分比；

（4）提供一个功能是否已获得的可操作的定义。

第四种方法是地道的分析。它是强制性的场合的分析的延伸。它的设计要考虑到在有特定的语法特征的上下文中确定错误使用的情况。

第五种方法是频域分析，即识别一个给定的特征及其变种发生变异的频率的方法。

第六种方法是通过使用一系列的统计程序推断出语言发展顺序。例如，通过计算不同的语言特征的精度，来求得相应的习得顺序。

第七种方法为封闭实验。它旨在利用不同学习者有不同的习得情况，为学习者的变化建立一个具有不同层次结构的特征，根据收集到的数据，分析每个学员的习得特征。

（二）寻求各种相关的因素

新的研究已经跟认知科学、神经心理学和社会文化框架等联系起来，极大地丰富了二语习得研究的视角和概念。但二语习得研究仍然对一些基本问题进行了研究。

（1）语言习得机制的作用。母语和二语习得过程的相似程度怎样？语言习得机制是否仍然起作用？如果具体语言的参数是重要的，它们怎么能实现最优化？此外，在认知方面，二语习得在多大程度上跟学习自己的母语或学习其他复杂的技能相似？

（2）第一语言的作用。从母语到二语习得，语言迁移在哪些点上是选择性的？每个人的母语迁移是否一样？今天语言迁移的研究仍然是一个重要领域。

（3）心理变量的作用。这些变量包括二语学习者个体特征的情感方面的研究，如年龄、性别、动机、个性、语言能力、教育背景等。这些因素在二语习得过程中发挥着怎样的作用？

（4）社会和环境因素的作用。

（5）输入的作用。输入对二语习得起着重要的作用。可理解的输入和内部学习机制之间存在着密切的关系。因此，课堂互动模式可以促进第二语言的学习。

到了近期阶段，二语习得研究呈现出向深处和细处发展的趋势。同时，结合不同学科的多视角研究越来越多。相信随着研究的深化和细化，将来势必会出现一次整合，将各种研究整合为一套理论体系。同时，整合之后又将是一轮新的全方位开放式研究。

第三节 第二语言习得与第一语言习得的共同点

关于第二语言习得与第一语言习得的共同点，我国学者提出如下一些看法。

刘润清认为第二语言习得与第一语言习得的共同特点有：

第一，学习者必须具备习得语言的条件；

第二，学习者必须有习得语言的环境；

第三，无论是习得第一语言还是第二语言，都必须习得语言的三大要素：语音、词汇和语法；

第四，习得任何语言都要习得其语用规则和文化。

杨玉林、崔希智在《英语教育学》和肖德法、张积家在《第二语言习得与外语教学》中的说法相同。他们都认为第二语言习得与第一语言习得的共同点在于：

第一，习得者都必须具备习得语言的条件和能力；

第二，都必须有语言习得的环境；

第三，都需要习得语音、词汇和语法；

第四，都需要习得语用规则和文化。

刘珣认为有四点相同之处：

第一，要掌握一种语言，无论是第一语言还是第二语言，都需要具备一定的主、客观条件，主观条件是指学习者必须具备健全的大脑和言语器官，客观条件指一定的语言环境；

第二，两种语言习得都是为了培养言语交际能力；

第三，两种语言习得都必须掌握语音、词汇、语法等要素和受文化制约的语用规则，都必须形成一定的听、说、读、写的技能；

第四，两种语言习得大体上都经过感知、理解、模仿、记忆、巩固和应用阶段。

吕必松指出有五点相同之处：

第一，都需要建立声音和意义的联系；

第二，都需要建立形式结构和语义结构的联系；

第三，都需要经过感知、理解、模仿、记忆、巩固和应用这样几个阶段；

第四，语法习得有一定的顺序；

第五，都是主观条件和客观条件相结合的结果。

陈昌来指出：

第二语言教学和第一语言教学对于学习者来说，都是为了获得语言的交际能力。学习第一语言和学习第二语言存在着某些相同的学习策略：学生都要掌握基本的语言规律；学习大体上都要经过感知、理解、模仿、记忆、巩固和应用等阶段；都应该是有意义的学习，而不应是脱离意义的机械性的操练。

陈宏、吴勇毅认为：

第一，都是为了获得语言能力和语言交际能力；

第二，都需要建立声音和意义之间的联系；

第三，都需要建立形式结构和语义结构的联系；

第四，习得一种言语现象都需要经过感知、理解、模仿、记忆、巩固和应用这样几个阶段；

第五，语法习得都有一定的顺序；

第六，都使用某些相同的学习策略；

第七，都是主观条件和客观条件相结合的结果。

各家观点，总结如下：

第一，外语界专家的看法高度一致。

第二，除陈昌来没有提及外，各家在习得的"前提条件"方面是一致的，都认为两种语言习得少不了主、客观条件。

第三，在习得的"目标内容"方面有出入。外语界几位学者认为有两个方面，一是"语音、词汇和语法三要素"，二是"语用规则和文化"。对外汉语界几位学者的看法与此观点在前一点上一样，在后一点上不太一样。

刘珣的说法是"受文化制约的语用规则"，同时强调了"听说读写的技能"。吕必松的看法跟刘珣的也不完全一样，在语言本体方面他用了比较概括的两个"联系"。此外没有提到"语用""文化"方面。陈昌来、陈宏等没有提及这一条。

第四，刘珣的说法中有单独的一条"培养言语交际能力"，同时他在习得内容方面也强调了"听说读写的技能"，可见，他突出强调"技能""能力"等应用性问题。陈昌来、陈宏等都提到了"语言交际能力"。

第五，对外汉语界的几位学者强调了习得一种语言要经过的六个阶段。

第六，吕必松、陈宏提到了"语法习得顺序"问题，其他学者都没有这一点。

下面，我们就各家观点有出入的地方简要谈一下。

首先，是不是两种习得都要习得"文化"？

作为第一语言习得，儿童在习得语言的同时，由于受"客观条件"的影响，沉浸在母语文化氛围中，不知不觉地习得与母语有关的文化以及母语背景下的其他文化。但是，第二语言习得往往是在课堂中进行的，在习得语言的过程中，如果不是特意给学习者输入相关的文化信息，二语习得者很难像母语习得者那样习得较为全面的文化信息。刘珣先生的说法"受文化制约的语用规则"指出了"习得文化"的不准确之处，"受文化制约的"除了语用规则，其他一些规则也可能包含文化信息，如词汇。当外国学生在习得汉语的成语时，自然要习得汉语成语中包含的文化信息。这一点第二语言习得跟第一语言习得基本上是一致的。

其次，关于"六个阶段"。

是不是第一语言习得跟第二语言习得都要经过六个阶段？外语界几位学者的说法中没有提到这方面，但对外汉语界的几位学者都提到了这一条。这个六阶段说，显然是受到行为主义学习理论的影响。

最后，关于"语法习得顺序"。

习得顺序是语言习得研究的一个热点问题。不同的学者从不同角度都在积极探索儿童的第一语言习得顺序与成人的第二语言习得的顺序。目前的看法是，不管是第一语言习得还是第二语言习得，它们都有一定的习得顺序。

至于"学习策略"和"有意义的学习"，是一些学者在自己的研究中提出的看法。

第一语言的学习策略与第二语言的学习策略有哪些共同点？有哪些区别？第二语言学习者的学习策略对他们的习得结果有怎样的影响？这些还都是值得进一步研究的问题。

综合各家观点，我们认为，第二语言习得跟第一语言习得之间的不同点有四条：

第一，都需要具备一定的主、客观条件。

第二，为了获得语言能力和语言交际能力，都必须掌握语音、词汇、语法等要素，建立起语言的形式和意义之间的联系，学习语言、语用规则。

第三，习得一种言语现象都需要经过一定的阶段。

第四，语言各要素的习得都有各自一定的顺序。

一、主、客观条件

两种语言习得都必须具备一定的主观条件和客观条件。任何语言的习得都是学习者主体与客观环境相互作用的结果，无论是第一语言的习得还是第二语言的习得，均是如此。

语言习得的主体是人。作为主观条件，主体必须具备健全的大脑和语言器官，如果大脑受损伤或发声器官、视听器官有缺陷，语言习得就会受到影响。聋哑人一般在生理上不具备听或说的条件，大脑不健全或损伤、病变也会给语言习得带来严重的影响，甚至完全丧失习得语言的能力。

语言环境是必须具备的。人具有先天的习得语言的能力，但语言的获得却是后天通过与环境的作用而实现的。语言习得是学习者主体和客观环境相互作用的结果。研究表明，儿童生下来具有学习任何语言的能力，这种能力是先天的，在咿呀学语阶段各语种儿童的发声没有多大差异。然而，在以后几年的生活里，生活在英语环境中的儿童学会了英语，而生活在汉语环境中的儿童却学会了汉语，这就显示出后天语言环境的影响。狼孩由于与人的语言环境隔绝，虽然有先天的习得语言的能力却无法获得语言。成人习得第二语言也必须有一定的语言环境，即使不能置身于目的语的自然语言环境中，至少也必须有提供一定目的语输入的语言环境（如课堂、教师或对话者）。

二、习得语言要素

两种语言习得都需要习得语音、词汇和语法，且学习语言、语用规则。

语音是语言的物质外壳，是语言的外部形式，语言中的任何词和语法形式都是依靠语音而存在的。有了语音，语言才能更好地为人们所感知，语言才能更多地发挥交际工具的作用。要习得一种语言却不习得语音，就获得不了听和说的能力，语言对学习者而言也就成了哑巴语言。除聋哑儿童外，一个健康的儿童在语言环境中至少能获得一种语言的语音。在第二语言的习得者中，许多人所习得的第二语言也许会是"哑巴语言"，这由他们的学习动机与学习目的所致。语言具有交际的功能，习得语音是进行言语交际的必要条件。所以，如果第二语言的学习者在习得过程中不习得语音，那么，他就不可能获得第二语言的全部功能。

词汇是语言的建筑材料，没有建筑材料是不能建成建筑物的。因此，我们说没有词汇就没有语言，不习得词汇也就不能习得语言。

语法是词形变化法和句法规则的总和，词汇只有通过语法规则组织起来，才能表达思想。没有语法规则的语言是不存在的。语法是人类思维长期抽象化工作的成果，它是人类思维规律和逻辑关系的反映。例如，"你写了作业了吗？""你写作业了吗？"，不同的"了"表示什么样的意义，什么时候用，什么时候不用，不管是第一语言习得还是第二语言习得，这些都是要学习的。

同样，语言是交际工具，习得语言的目的是交际。两种语言习得都是为了培养语言交际能力。儿童习得母语是为了满足生存、认识周围世界和进行交际活动的需要，成人习得第二语言也是为了从听、说、读、写方面运用目的语进行交际。语言除了受语言规则的制约以外，还要受语用规则和所学语言文化的制约。美国社会语言学家戴尔·海姆斯曾指出，一个人的语言能力不仅包括语法能力，还应当包括交际能力；不仅应让自己的语言合乎语法，而且应让自己的言语能为人接受。语法不仅应包括形式的规则，还应当包括文化风俗的规则，前者是形式的语法，后者是文化的语法。

所以，语言受两套规则系统制约，一是语言规则系统，一是语用规则系统。语言规则系统保证了语言的正确性，语用规则系统保证了语言使用的得体性。

三、经过一定阶段

习得一种言语现象都需要经过感知、理解、模仿、记忆、巩固和运用几个过程。

感知就是听到或看到，这是学习一种言语现象的前提条件。

理解就是懂得感知的言语现象的意思，明白这种言语现象的形式结构和语义结构。这是习得一种言语现象的前提条件。无论是学习第一语言还是学习第二语言，不理解的言语现象一般是学不会的，即使暂时学会了，也不能算真正习得了这种言语现象。

模仿就是照着某种样子做。幼儿开始学习语言的时候，首先是重复别人的话，别人怎样说，他也跟着这样说，这就是模仿。学习第二语言也需要模仿，主要是模仿老师的发音和话语，模仿课本上的话语。老师发一个音，学生跟着发，老师说一个字词或一个句子，学生跟着说，照老师说的句子或课本上写的句子造一个同样类型的句子，等等，都属于模仿。

能够理解和模仿的言语现象不一定能够记住，如果记不住，还是不能学会。曾经有过这样的情况：上课时老师指着一个学生问他旁边的一个学生："他在你的哪边？"那个学生回答说："他在我的上边。"听到别人大笑，他马上改口说："他在我的下边。"最后又说："他在我的里边。"这里的错误就是记忆上的问题，分不清"左边、右边、上边、下边、里边"的不同的意思。由此可见，记忆也是习得一种言语现象的必要条件。

记忆有长时记忆和短时记忆之分，短时记忆很容易遗忘。所谓巩固，就是使短时记忆发展为长时记忆。巩固的主要方法是反复练习和运用。

运用就是把学过的言语现象用于交际。这既是学习语言的目的，也是巩固所学言语现象和最终习得所学语言的一种手段。也就是说，学习语言是为了运用，也只有通过运用才能把"学习"转化为"习得"。儿童之所以能学会第一语言，原因之一就是他们总是在不停地运用学到的言语。学习第二语言也要经常运用。运用往往不是照搬已经学过的句子，而是把学过的语言知识和语用知识综合起来，进行灵活运用。因此，运用也就是活用。

四、各有一定顺序

语言各要素的习得都有一定的顺序。

语音习得方面，儿童通常先学会唇音和齿音，后学会软腭音；先学会纯元音韵母，后学会元音加辅音的韵母。词汇方面，儿童先学会无标记的词汇，后学会有标记的词汇。语法方面，有些语法结构先学会，有些语法结构后学会。先后顺序不是任意的。

中介语研究的结果也证明：成年人习得第二语言的语音、词汇、语法也都有一定的顺序。有些方面，这种顺序与儿童习得第一语言的顺序相似；有些方面，这种顺序还需进一步的研究。

第四节 第二语言习得与第一语言习得的不同点

第二语言习得与第一语言习得各有它们自身的特点。第二语言习得与第一语言习得在习得方式、习得过程、习得环境、习得者的个体因素、习得的目的和动机诸方面都存在着明显的差异。

关于第二语言习得和第一语言习得的不同点，学者们的看法基本一致，都认为有四个方面的不同：①学习环境和学习方式不同；②学习目的和学习动力不同；③学习者理解和接受能力不同；④语言习得过程不同。

刘珣认为除有上述四点之外，还有文化因素习得的不同。

陈宏、吴勇毅认为有六点不同，它们是：①学习的主体不同，理解和接受能力不同；②学习的起点不同；③学习的条件、学习环境、学习方式不同；④学习的目的和动力不同；⑤语言输入的情况不同；⑥语言习得的过程不同。

可以看出，六点不同跟四点不同本质上是一样的，只是学者们划分的详细程度不同而已。因此，我们综合各家之说，同意四点不同的说法。

一、学习能力不同

两种习得学习者的年龄不同,年龄的差异表现为认知能力的差异。这种认知能力的不同是造成第二语言习得与第一语言习得差异的重要原因。

认知是个体对客观世界的认识。人的认知主要包括他的高级的、属于智力性质的心理过程,诸如思维、想象、创造、智力、推理、概念化、计划和策略的制定、问题的解决等。较广义地讲,它也包括注意、记忆、学习、知觉以至有组织的运动、人在社会交往中和个体认知中所使用的言语等。一般认为,人的认知能力主要包括观察能力、记忆能力、思维能力、想象能力、注意能力,其中思维能力是核心。

人的认知能力是不断发展的。由于第二语言习得在习得顺序上晚于第一语言习得,它的学习者一般是年龄大些的儿童、青少年或成人,所以,在认知能力的发展方面,与第一语言的习得者相比,第二语言的学习者明显占优势。

儿童习得第一语言是从零开始的,一开始他们对世界上的一切事物或现象,包括语言的或非语言的事物或现象,都一无所知。出生以后,儿童的认知能力迅速发展,首先是儿童认知结构的发展。婴幼儿的认知结构主要是由感觉和运动组成,所以叫感觉运动性认知结构,以后直至青年期,儿童逐步掌握了符号、语言、概念以至逻辑的命题,逐步能对直接感知的具体事物以至抽象的概念进行运算,与此相应,他们发展了运算性认知结构。其次是儿童认知范围的扩展。儿童最初的认知首先是以他自身作为出发点和参照物,然后随着发展逐步由近及远扩展其范围。再次是儿童认知程度的深入。认知发展的总的趋势是由浅入深,由认识事物的表面现象逐步达到认识事物的本质。最后是儿童信息加工容量的增加。表现为注意范围和记忆广度的增大,信息加工的速度增快,能采取较好的信息加工策略,并利用有助于注意、记忆和问题解决的策略和方法等。儿童的认知发展与语言发展紧密联系、相互促进:认知发展为语言发展提供了基础和可能,语言是思维的工具,语言的发展反过来又使儿童的认知水平和能力得到进一步的提高。

年长儿童、青少年和成人在开始学习第二语言时与儿童学习母语不同。首先,他们的认知能力的发展已达到较高的水平或已经成熟,因此第二语言习得与认知发展不是同步进行的。其次,由于认知能力的提高或成熟,能够较容易地概括和掌握第二语言的规则，并运用这些规则来指导自己的第二语言习得，因此，第二语言习得的质量与速度会大大提高。最后，由于在第二语言习得中认知与语言相对分离，第二语言对于学习者而言不是思维的工具。学习者能运用第二语言生成一些话语，但话语的思想内容仍是学习者运用第一语言进行思维的产物。也就是说，在这种情况下，进行思维用的是第一语言，而表达用的是第二语言。从第一语言的思维脱胎出来的思想或概念，必然带有第一语言的特征，这就是为什么第二语言初学者的话语既像第一语言又像第二语言，既不像第一语言又不像第二语言的原因。如果进行思维时使用的是第二语言，那样就不会产生第一语言的干扰。

由于第二语言习得时语言与思维分离，不利于对第二语言规则和知识的掌握，也会产生语言之间的干扰，所以有人认为，第二语言的学习应尽早开始，年龄小的学习者比年龄大的学习者更适合学习第二语言。甚至有人认为，12岁之前是第二语言习得的关键期。在12岁之前学习第二语言较为容易，在此之后就变得相对难了。

二、环境方式不同

儿童习得第一语言可分为两个时期，即自然习得时期和学校教育时期。儿童基本的第一语言的听说能力是在自然习得时期获得的。儿童所处的大环境给儿童提供了接受大量的语言输入和经常输出语言的机会。从输入方面说，儿童第一语言习得的环境是十分广阔的，家庭、街头巷尾乃至整个社会都是儿童习得第一语言的环境。这些输入不仅仅有针对学习者的话语，而且包括学习者所听到的各种话语。从输出方面说，学习者同时也是言语交际活动的积极参加者，他们通过参与现实的交际活动习得语言。

在学校教育时期，学习者在继续提高听说能力的同时，着重提高书面语言（读、写）的能力和言语交际的能力，还要学习与语言理解和语言使用有关的文化知识。在学校里学习第一语言，儿童不需要从最基本的听说开始，而是以识字和读写为主。学校的教育是有计划、有组织的。在学校学习环境主要是课堂，与自然情境下的习得的环境相比显得很微小，但是，课堂的小环境是属于同一语言的大环境包围下的小环境，两种环境并不冲突。学习者在小环境中习得的知识，又可以放到大环境中去运用。

但是，除了在目的语国家或地区习得第二语言外，二语习得的课堂的小环境与社会的大环境是相冲突的。由于在社会的大环境中缺乏使用和练习的机会，所以，学习者在课堂的小环境中学得的第二语言知识，不仅不会得到巩固和加强，反而因为废用的缘故而被遗忘和削弱。

另外，课堂的环境中学习者接触语言的时间很短，言语也不像在第一语言习得里那样丰富和真实。这样，学习者接受第二语言的输入和输出的量就很少很少了。这与第一语言习得时接触语言的时间是无法比拟的。

第二语言习得与第一语言习得在习得方式上也有不同。人们习得第一语言，是先习得口语，再习得书面语言，其语法的习得也是自然而然地进行的。而第二语言的习得则要从最基本的语音、词汇和语法开始，口头语言和书面语言（听、说、读、写）同时起步。所有这些方面的学习任务几乎是同时承担的，这样就增加了学习的难度。

三、目的动机不同

幼儿习得第一语言是出于人的本能，是出于生存和发展的需要。要生存就要认识他们赖以生存的世界，就要认识周围的事物和它们之间的关系。人是社会动物，要在社会中生活，就要同其他人进行交际，通过集体的协作来生活、劳动。要完成这两个方面的任务，都离不开语言。因此，幼儿的第一语言习得的目的是天然的和原发的，它会产生巨大的动力作用，推动着儿童第一语言的习得与发展，使第一语言习得具有明显的主动性。儿童为了满足认识和交际的需要学习语言，需要的满足又会进一步强化他的学习动机，儿童便在学习语言中获得了益处和乐趣，这种动机与乐趣反过来又促使他进行新的学习。如此循环往复，儿童便习得了第一语言。

与第一语言的习得不同，人们学习第二语言并不是为了满足认知和生存的需要。人们学习第二语言的目的也是多种多样的，如为了求职、升学、科研和出国深造等。不学第二语言，学习者照样可以认识世界，照样能与其他人进行交际。例如，我国的英语教师常常会发现，学生用英语同教师交际感到很困难时，便会立刻改用汉语同教师交际。但儿童在用第一语言同别人交际出现困难时，却没有这个退路，他们必须硬着头皮以各种方式（包括语言的和非语言的方式）来表达自己的意图，以达到交际的目的。此外，与第一语言习得的主动性相比，第二语言习得则相对说来是一种较为被动的行为。外语通常是学校里的一门课程，也是升学、晋升职称考试的科目，学生往往把语言习得视为完成一项学习任务，在心理上有某种负担和压力，对语言的兴趣主要属于间接兴趣（即对第二语言学习的结果感兴趣），直接兴趣（即对语言学习本身感兴趣）不多，因此学习起来也颇感吃力。

出于求职、升学、阅读科技资料、通过晋升职称的考试等目的而进行的第二语言学习常常具有片面性。学习者的目的达到之后，便会出现语言发展的停滞、僵化，甚至倒退的现象。目的和动机的差异的确是造成第一语言习得与第二语言习得效果差异的重要因素。

四、具体过程不同

上面谈到，不管是第一语言习得还是第二语言习得，都要习得一种语言的语音、词汇和语法等。但两种习得的具体过程各不相同。

（一）语音习得过程的差异

儿童习得第一语言的语音是从以单词为基础的音节形式开始的。如汉族的儿童习得汉语的语音时，首先从"爸爸""妈妈"等词语的语音形式开始。后来随着语言能力的发展，语音习得逐步扩展到词组成的短语和句子，如"妈妈，我要吃饭"。儿童并不知道词语的语音可以切分为更小的语音单位，更不知道每个音的发音特性。直到儿童入学以后，等他们学习了汉语拼音，他们才慢慢对汉语的语音结构有所了解。他们在学习了汉语拼音知识之后，便利用这些知识去拼读字词。

在非目的语国家的课堂环境里学习第二语言的语音，学习者往往是从识别单个语音开始的。例如，我国学生学习英语，习惯上先从学习单个语音开始，其中包括发音方法的学习和发音动作的练习。如英语中的[m]是个双唇音，发音时要双唇紧闭，气流震动声带，气流从鼻腔中流出。学习者懂得了发音要领之后，开始模仿发音；单个音基本上掌握之后，再学习语音组合，即学习发出单词的读音。单词读音基本掌握以后，学习者便开始掌握更大单位的语音组合，即学习句子的读音。然后，经过反复的练习，最后达到无意识地、自动化地运用英语语音的程度。

（二）词汇习得过程的差异

词表示一定的概念或意义，是音、形、义的统一体。学习者要习得一个词，需要建立两个方面的联系：一是要建立词的意义与它代表的事物和现象的联系；二是要建立词的音、形、义之间的联系。

人对于词汇的习得，主要有两个时期：一是学前期，二是学校教育时期。在学前期，儿童习得词汇的主要任务是学习词的音和义，在思维中建立词的音、义之间的联系，并在记忆中储存下来。上学以后，儿童面临两个任务：一是要把已经建立了音、义联系的词与词的书写形式联系起来，这一任务的核心是记忆词形，相对来说比较容易；二是学习新词，同时建立词的音、形、义三方面的联系，这一任务相对难些。我们可以将儿童习得第一语言的词汇的过程归纳为：

词的音与义的习得—词形的习得+新词的音、形、义的习得。

这是儿童习得第一语言词汇的第一个特点。

儿童习得第一语言词汇的第二个特点是对思维过程的依赖。例如，儿童在成人的帮助下，将成人所说的"沙发"一词和具体的沙发这种事物建立了联系，此时，词与沙发这种事物是简单的一一对应的关系。后来，他看到形状各异、大小不同的沙发都能与"沙发"一词相联系，词的标志范围就进一步扩大，标志某些性质相类似的事物。此时，"沙发"一词不再只代表具体的沙发，而是概括地表示任何形式的沙发。可见，儿童的词义发展是与儿童的概念发展联系在一起的。儿童获得第一语言的词汇不只是建立音与义的联系，还包括词所代表的概念的概括水平的增加。这是儿童习得第一语言词汇的第二个特点。

年长儿童、青少年和成人习得第二语言的词汇则不同。他们在开始习得第二语言的词汇时，头脑中已经贮存了大量的有关事物或现象的概念或意义。因此，第二语言学习者在学习第二语言的词汇时，往往不需要经历词义由具体到抽象、由片面到全面、由现象到本质的过程，可以集中精力建立词的音、形、义三方面的联系。

学习者在学习第二语言时，往往以第一语言的词作为与词所代表的概念或意义联系的中介。由于两种语言的语言形式不同，第一语言中的词与第二语言中的词与概念或意义的关系也是复杂的。以汉语和英语而言，两种语言中的词汇与概念之间的关系有完全对应、部分对应与完全不对应三种情况：

1.完全对应

两种语言中都可以找到反映同一概念的词。如"计算机"与"computer"、"电视"与"television"、"书"与"book"、"走"与"walk"等。这种完全对应的情况在汉英两种语言中占很大的比例。

2.部分对应

两种语言中代表同一概念的词只有部分的对应关系。如汉语中，"把它拿过来"和"把它拿过去"都用了"拿"这一动词，但在英语中，"把它拿过来"的对应形式是"bring it here"，"把它拿过去"的对应形式是"take it there"。这表明，汉语中"拿"一词包含了英语中"bring"和"take"两个词的概念的内涵。换言之，英语中的"bring"和"take"只具有汉语中"拿"的部分词义。又如，汉语中，"祖父""外祖父""祖母""外祖母""叔叔""舅舅""姨姨""姑姑"都是专有的名称，它们分别指称个人的不同的亲属，父系与母系区分明确。但在英语中，"祖父"与"外祖父"都是"grandfather"，"祖母"与"外祖母"都是"grandmother"，"叔叔"与"舅舅"都用"uncle"，"姑姑"与"姨姨"都用"aunt"，父系与母系不做区别。学习者习得这种与第一语言中的词汇部分对应的第二语言的词汇时，往往要修正第一语言中词的概念，保留相对应的部分，补充缺少的部分，去掉不相对应的部分，在此基础上形成第二语言词的精确概念。

3.完全不对应

完全不对应指在第二语言中出现学习者在第一语言中完全没有接触到的新词，也即音、形、义全新的词，例如，汉语中用"您"表示尊称，英语中没有类似的对应词，只能用"you"。第一语言是英语的人在学习汉语中的"您"时，不仅要学习它的字形和语音，还要习得它的意义。又如第一语言是汉语的人在学习英语里的"sandwich"等词时，也有一个概念形成的问题。

（三）语法习得的过程不同

儿童习得第一语言的语法要经过"单词句—电报句—完整句—复杂句"的过程。在这一过程中，儿童对语法的习得是无意识地进行的。儿童在学前期习得语法，包含了"模仿—初步发现语言的规则—不规范的语法规则的使用—修正语言的规则—语言规则的较正确的使用—再度修正语言的规则—发现正确的语言规则"的过程。儿童入学以后，还要继续学习语法。此时的语法习得是在教师的指导下进行的，学生习得时多数情况下是有意识的。从这个角度上说，第一语言语法习得经历了一个从无意识到有意识的过程。

年长儿童、青少年和成人在课堂情境下习得第二语言的语法所经历的过程则不是如此。它是一个从简单句到复杂句的过程。与儿童习得第一语言相比，学习者习得第二语言没有经过单词句、电报句两个阶段，而是从规范的简单句开始，如一开始就学习"This is a book." "That is a table."之类的句子。但是，在第二语言语法习得的很长一段时期内，学习者往往不能按照所学语法规则去组织句子。例如，以英语为第二语言的学习者虽然已学习了动词第三人称单数的变化规则，但在学后很长一段时间内并不能正确地去使用它，以至于常说出"She go to work."之类的句子来。学习者要在不断使用和纠正的过程中才能逐渐掌握它。

其中不规范的使用不是一两次纠正就能够奏效的，有时还要经过多次反复才能掌握。

另外，儿童获得第一语言话语的意义，是从话语直接到语义的理解，而获得第二语言的话语的语义，在第二语言习得的初级阶段，往往要经过第一语言的中转。只有到了语言习得的高级阶段，才能从第二语言的话语直接达到语义的理解。此时，第一语言的这一中转站才会消失。

总之，第二语言习得与第一语言习得虽同是语言习得，但它们还是有许多不同点。了解这些不同点，将会有利于对第二语言习得特殊规律的探讨与掌握，从而有利于第二语言教学和学习效率的提高。

第四章 二语习得的发展

第一节 二语习得的社会因素

　　二语习得的研究始于 20 世纪 60 年代末 70 年代初，之后发展迅猛。它不同于母语习得，后者是一个人从出生起就在自然的语言环境中形成的，是一种潜意识的习得行为。第二语言的习得有时也会发生在自然的语言环境中，更多的是发生在正规的课堂环境中（在这种情形下，第二语言可以被称为外语）。本节讨论的重点不是在自然语言环境中习得第二语言，而是在正规课堂环境下学习外语，因此，本节所说的二语习得多指外语学习。在过去几十年的时间里，国内外二语习得研究者出版了大量的理论专著，发表了不少的研究论文。这些专著或论文，或从语言学角度出发，研究学习者言语的语法特征以及他们如何获得二语的语法能力；或从心理语言学的角度研究学习者如何习得和使用二语的心理过程；或从语用的角度研究学习者如何懂得得体恰当地进行交际。近些年来，又有些研究者从社会语言学的角度研究影响学习者语言发展的社会因素，但这些研究还是远远不够的。本节将结合国内外对二语习得的研究，着重从社会语言学的角度出发，对影响二语习得的年龄、性别、社会阶层和民族同一性这四个主要社会因素进行论述和探讨。这些社会因素，在某种程度上对二语习得的成败产生了重要的影响。

一、年龄因素

二语习得是否会因为年龄的不同而产生差异？答案是肯定的。因为从年龄的视角来看，母语习得一般是从孩子牙牙学语时就开始了。而一般来说，二语习得者的年龄则差异较大，有的人从婴幼儿时期就开始了，而有的人则从中小学开始，还有些人是在工作之后才开始，甚至有些人是到了老年之后才开始学习外语的。如今，对二语习得者年龄的研究已成为该领域的热点问题之一。Larsen-Freeman 认为，年龄问题对二语习得研究的理论建构、对教育部门的决策、对语言教学都极其重要。从理论上来说，年龄的变化会带来大脑的生理变化，语言习得能力也有可能随之变化。从实践上看，弄清楚外语学习是否有最佳年龄的问题，则可以为教育决策提供依据，学校可选择最佳年龄段开设外语课。由此可见，对二语习得的年龄问题研究具有重大意义。

很长时间以来，社会上广泛流传着这样一种观点，似乎越早开始习得第二语言就越好，最好是从小学或幼儿园就开始。当然，开始学习第二语言的年龄越小，学习的时间就会越长，这是不可否定的客观事实。但在现实的外语学习中，青少年或成年人比儿童却表现出许多优势。比如：青少年或成年人的逻辑思维能力较强，能够更合理、更有效地组织信息，往往具有较好的学习习惯，能够较长时间地集中注意力；他们一般具有更强的处理复杂问题的理解能力、认知能力和应变能力；他们对语法的正确性和词汇的适当性更为敏感和准确。但他们也有自身的不足，那就是存在一定的"面子"心理，担心出错或表达不清楚，而且特别"羞于"让人知道自己的无知，害怕丢了"面子"。另外，他们也难以像儿童那样较为轻松地练就标准的口音。所以，年龄大小在二语习得方面的影响不可一概而论。结合国外心理学和语言学界就此问题所做的科学实验，笔者分析后发现，人们对二语习得受年龄影响的认识过程大约经历了以下三个阶段：

第一阶段：

20世纪60年代后期，随着二语习得研究的兴起，外语学习起始年龄提前的理论和实践逐渐占上风。最著名的就是由E.Lenneberg提出的"关键期假设"，也有学者译为"临界期假设"。根据这样的假设，自然的语言习得只会发生在婴幼儿期（2岁左右）与青春期（13岁左右）之间，过了青春期，儿童就很难成功地学会语言。Penfield 和 Roberts

也认为，这是由于左脑的语言功能发生侧化的结果，即：最初支配左右脑的、用于理解和输出语言的神经系统功能逐渐集中在左脑了，而这种神经系统的变化则导致了学习者年龄越大，学习就越困难。在这一理论的基础上，Johnson 和 Newport 进行了当时最有代表性的研究实验：被测试人员为 46 名已移民美国的母语分别为汉语和朝鲜语的英语学习者，他们到达美国的年龄差别较大，年龄范围在 3—39 岁。最后的实验结果是：7 岁之前移居美国的被测试者，其英语水平与美国本族语者没有显著差异；而 7 岁之后移居美国的被测试者，其英语水平则随着年龄的增长而呈现下降趋势，且越晚移民美国的学习者其成绩越低。

第二阶段：

经过一段时间的实验和实践后，从 20 世纪 70 年代起，E.Lenneberg 的"关键期假设"受到了质疑和挑战。"关键期假设"的主要依据是：大脑的语言功能在青春期发生了侧化之后不可能学好外语。然而，美国著名的语言教育家 Krashen 等人却通过实验证实：人的大脑在 4 岁之前可能就已经发生了侧化，而 4 岁之后仍然是能够学好外语的。还有不少研究者认为，侧化的年龄因人而异，并不存在一个统一的"关键期"。

Krashen 和 Fathman 等人在对 Burstall（1975）的实验结果进行分析后指出，在正规的学习环境中，青少年或成年人与婴幼儿相比，大龄儿童与小龄儿童相比，两组受试对象的前者在词法和句法方面都比后者掌握得要好；但在自然的语言环境中，从婴幼儿开始学习第二语言比从青少年或成年开始的受试对象最终达到的语言水平高。

第三阶段：

20 世纪 90 年代开始，第二语言教育研究又发现了一些新的状况：许多年龄小的儿童（7 岁以下）在接受了第二语言教育之后，就会从小对第二语言和文化持积极态度。这种积极的态度则又相应地促进了他们在以后的第二语言学习中取得更好的成绩（大量的研究成果表明，积极的态度有助于提高第二语言学习的成绩）。另外，7 岁前开始学习第二语言的儿童，比 14 岁以后开始学习第二语言的人在语音、语调方面更接近本族语者，而后者则往往带有第一语言的口音。这种现象与 Krashen 和 Fathman 等人的研究结果是一致的：从婴幼儿开始学习第二语言在语音方面至少是占有优势的。

二语习得受年龄影响是一个比较复杂的问题。我们可以把年龄对二语习得的影响归纳为三点：①就习得速度而言，大龄儿童在习得的初始阶段比小龄儿童学习者更具有优势,尤其在语法方面。②二语习得者无论最终能不能达到本族语者水平,自婴幼儿时期开始学习的人比从青少年或成人开始学习的人更有可能获得本族语者口音。③就二语习得的过程和结果而言,习得语音比习得语法受年龄因素的影响要大一些。

二、性别因素

通过对男性和女性本族语话语的区别进行研究以后,社会语言学家概括出两条显得相互矛盾的原则:①在稳定的社会阶层中,男性往往比女性更倾向于使用非标准的语言形式;②在语言不断变化发展的过程中,女性主观上比男性更喜欢使用新的标准的语言形式。

不难看出,与男性相比,女性通常倾向于使用更加标准和规范的语言形式,但同时她们往往又处于语言形式变化的最前端,比男性对新的语言形式更加敏感和积极,因此会无意识地将新的语言形式运用到她们的话语中。然而一旦注意到这些新的语言形式变化中存在不标准的现象之后,她们便又倾向于避免使用。而男性则不一样,他们对新的语言形式变化或许没有女性那么敏感和积极,但他们一旦开始使用新的语言形式,就会长期甚至一直使用下去,这或许是因为他们没有意识到语言形式的变化。上述的两条原则都表明,在二语习得过程中,女性比男性学得更好,她们能很快接受二语输入中的新的形式,同时也会很快抛弃自己语言中与目标语规则相违背的形式。

以上关于影响二语习得的性别因素的描述,是建立在一些研究成果之上的。有的研究发现女性一般来说比男性学得更好。如 Burstall 在对约 6000 名 8 岁起在英国小学学习法语(二语)的儿童所做的纵向研究中,对不同性别的儿童的学习情况进行了调查。她发现,在整个学习阶段所进行的所有法语测试中,女生的成绩明显超过男生。Boyle 对 490 名中国大学生在香港学习英语(257 名男生,233 名女生)的情况进行了研究,结果发现,在 10 次英语水平测试中,女生的总体水平高于男生,并且在很多方面差异显著。但 Boyle 在测试中也发现,男性受试者在两次听力词汇的测试中比女性受试者更胜一筹,这恰恰证明了在听力词汇方面男生比女生更有优势。而 Nyikos 在研究中发现,在德语(二语)词汇记忆方面,女性比男性更强一些。还有的研究甚至发现男性与女性无任何差异。

许多研究都指出，女性比男性对二语习得持更积极的态度。一般来说，积极的态度会促进语言学习，而消极的态度则会阻碍学习，这也许是女性比男性学得好的原因之一。有些研究指出，女性与男性在处理二语学习任务的方法上不同，男性利用学习机会来与人交流，产生更多的语言输出，而女性则往往是为了获得更多的语言输入。此外也有研究发现男性与女性在二语习得的过程中使用的策略不同，男性更多地使用翻译策略，而女性则更重视理解，她们还会比男性更多地使用隐含的/不表达出来的模式来学习语言。例如，她们会借助母语来帮助理解二语，发言之前在大脑里先排练等。

总体看来，在二语习得中女性比男性往往略胜一筹。这也许是因为女性对二语输入的新形式更加敏感或更易于接受，也许是因为女性对二语习得持更为积极的态度。但性别差异对二语习得的影响并不是绝对的，毕竟有研究证明了男性的听力词汇量比女性更大。因此，在比较男、女性二语习得的差异时既要考虑二者的语言知识（在这一点上女性往往比男性强），又要考虑在不同的学习场合他们如何运用这些知识（在这一点上有时男性强过女性）。所以我们还不能说女性任何时候都比男性学得好，且性别对二语习得的影响与年龄、种族尤其是社会阶层等因素也是分不开的。

三、社会阶层因素

一个人所处的社会阶层是由多种因素决定的，主要因素包括受教育程度、职业和经济收入。国外有学者根据这些主要因素把社会阶层分为四种：下层阶层、工人阶层、中下阶层和中上阶层。

有实验证明，社会阶层与二语习得的成功有一定的关系。Burstal 调查学习法语（二语）的中小学生时发现，来自中产阶层家庭的儿童往往比来自下层和工人阶层家庭的儿童学得更好。来自不同社会阶层的学习者的学习态度也存在差异。工人阶层家庭的儿童倾向于中学第二年之后放弃法语学习，而中产阶层家庭的儿童却能继续学下去。也有研究者对以色列 196 名七年级学生所能达到的英语（二语）水平进行了研究。学生按照社会阶层状况被分为"优势组"和"劣势组"。研究人员发现，这两组学生在认知及学业方面的水平不仅在母语（希伯来语）方面差异很大，而且在二语（英语）方面差异也很大。

有关在课堂环境中学习二语的研究结果表明，来自下层阶层的儿童在课堂中的语言学习表现要比那些来自更高阶层家庭的儿童差。但有研究指出，来自下层阶层家庭的儿童在语言学习中处于劣势不是必然的。他们关于沉浸法教学的调查结果表明，在法语（二语）的听力理解和口语表达上，来自不同阶层家庭的儿童之间没有差异。这些研究的结论是，如果学习活动强调的是正规的语言学习，则中产阶层家庭的儿童比工人阶层家庭的儿童能获得更高的二语水平，以及持更积极的学习态度。这也许是因为前者更适合于处理一些脱离实际语境的语言。然而，如果学习活动重视语言的交际能力时，两者不存在任何差异。

埃利斯指出，以上学习者所表现出的一些差异并不是他们所属的社会阶层本身造成的，而有可能是学习者在其所属阶层中的经历造成的。希斯指出，工人阶层家庭的儿童之所以学得不好，很可能是因为他们的家庭经历与课堂经历存在明显差别。例如课堂教学中教师常要求学生重复一些刚学的东西，这在工人阶层家庭（如黑人家庭）中很少出现。反过来，在黑人儿童家里，父母常鼓励儿童创造一些"离奇"的故事，而这些"离奇"的故事不会在课堂教学中出现。希斯的发现支持了拉波夫的观点——黑人儿童面对的许多语言问题的根源不在于他们"能力不足"，而在于他们的家庭经历与课堂经历之间的强烈差异。

需要指出的是，在中国，没有明显的社会阶层之分。然而，随着经济全球化进程的加快和我国经济发展水平的提高，有些接受过高等教育且经济较为富裕的家庭希望能送儿女出国深造，到非母语国家尤其是西方国家去体验跨文化教育模式。因此他们对外语持较积极的态度，这不可避免地影响到其子女对外语学习的态度和水平。而在一些受教育程度不高或者经济条件一般的家庭，送子女出国深造几乎是不太现实的事情，而且有些家长并不认为这很重要，因为他们觉得孩子的世界观和思辨能力还不成熟，出国学习并无多大益处。所以他们对外语学习并不持很积极的态度。

四、民族同一性因素

民族同一性指同一民族的人们在文化、行为准则等方面具有的共同特征。民族同一性会对二语习得产生较深的影响，而这种影响表现为三种形式，分别由三种观点来代表：关于民族同一性与二语习得关系的标准观点；社会心理学的观点；社会构造观点。

关于民族同一性与二语习得的关系的标准观点试图探讨学习者所属的民族团体在多大程度上影响其二语习得。这一观点的一个重要概念是本民族文化与目标语民族文化之间的"距离"，两种文化之间的距离越远，二语就越难学，二语习得的水平就越低。斯凡比较了三个民族团体在挪威习得二语（挪威语）的情况。其中一个民族团体由来自欧美的学习者组成，他们的文化与挪威文化均属于西方文化，因此该团体被称为"近距离团体"；另一个团体由来自中东和非洲的学习者组成，它们常接触西方文化，该团体被称为"中距离团体"；最后一个团体由来自亚洲的学习者组成，该团体被称为"远距离团体"。通过对三个团体进行大量的知识和技能的测试，斯凡发现文化之间的"距离"与二语习得水平之间存在明显的关系。测试结果表明，近距离团体的学习者成绩最好，中距离团体次之，远距离团体为最差。但值得注意的是，这三个团体的学习者之间的差距到底是由文化的差异造成的还是由语言上的差异（本族语与目标语之间的差异）造成的，我们暂时还无法得知。

关于民族同一性与二语习得的关系的社会心理学的观点则强调态度对语言水平的影响。拉伯特和加德纳以及他们的同事就态度对语言水平的影响做了大量调查研究。二语习得者对二语的态度反映了他们对自己所属民族的同一性以及目标语民族文化的看法。这一看法对其二语和母语的习得都产生了一定的影响。态度对语言学习的影响有以下四种可能性。

第一种可能性是学习者对母语和二语文化都持积极态度，在努力学好母语的同时，不断加强自己的二语知识。学习者积极的态度将使其具有更强的学习动机，提高语言水平，因此被称为附加性的双语使用。第二种可能性是学习二语之后，二语替代了母语，学习者的母语能力反而下降，或者无法获得全面的母语能力。这是因为学习者贬低自己的本族语文化，希望融入目标语文化。第三种可能性是学习者对本族语文化和目标语文化都持消极态度,导致半语使用的发生(即母语和目标语都学得不好)。最后一种可能性是学习者无法习得二语,因为他们有很强的民族同一性,对目标语文化持消极态度。当然,真实情况也不一定像上文表述中划分得那么绝对,例如,对目标语文化持消极态度的学习者不见得都无法学会二语,有时出于其他因素的影响(如二语是学习者生存的工具),学习者也会获得一定的二语能力。

关于民族同一性与二语习得的关系的社会构造观点通过观察民族同一性对不同民族成员之间的交往所产生的影响来研究态度与语言学习之间的关系。根据民族语言同一性理论的观点,与自己民族以外的团体成员交往时,有些人以本民族为中心,对本民族以外的成员采取排斥态度,有些则以个人为中心,对其他民族的成员采取容纳态度。在前者中,学习者强调民族同一性,不同民族成员之间容易产生分歧。而在后者,不同民族成员之间则容易达成一致。各民族团体成员之间的友好或不友好交流影响到他们对待二语的态度,而态度又影响了二语习得。当学习者对另一民族成员持友好态度时,他们容易接受该民族的语言形式,二语习得容易取得成功;当学习者对另一民族成员持不友好态度时,他们就难以接受该民族的语言形式,二语习得难以取得成功。

上文论述了影响二语习得的四个主要的社会因素:①年龄;②性别;③社会阶层;④民族同一性。年龄因素与习得速度、习得内容、习得过程和结果密切相关。在比较男、女性二语习得的差异时既要考虑二者的语言知识,又要考虑在不同的学习场合他们如何运用这些知识。社会阶层对二语习得的影响与学习环境有关。民族同一性影响二语习得体现在本民族与目标语民族之间的文化距离、学习者对本族语文化和目标语文化的看法、不同民族成员的交往态度等方面。这些因素之间也会互相产生作用。从根本上说,所有这些因素与社会条件和态度都会影响二语习得的水平。

第二节 普遍语法与二语习得

Chomsky 在关注到儿童的母语习得情况之后，提出了普遍语法理论。生成语法语言学家将母语刺激缺乏和儿童母语能力强的矛盾定义为"语言习得的逻辑问题"。虽然 Chomsky 没有直接提到普遍语法和二语习得之间的关系，普遍语法理论的确对二语习得相关研究有很大的影响。普遍语法理论认为普遍语法是人脑中的一种固定存在。普遍语法可以在人类调整母语习得的原则和参数的值时起到协助作用。本节将讨论的是普遍语法能否同样可以在人类调整二语习得的原则和参数的值中起到一定的作用。

一、普遍语法的原则——参数理论

Chomsky 在普遍语法理论中提到，儿童一生下来就具有一种学习语言的能力，称之为"语言习得机制"。儿童拥有这种语言习得机制，因此只需要接触语言材料，就可以在很短的时间内习得语言。正是因为语言习得机制，儿童在出生之后可以习得任何语言。父母都是中国人的儿童如果出生在美国，他就可以把英语作为母语来习得。同样地，父母都是美国人的儿童如果出生在中国，他就可以把汉语作为母语来习得。这也就是说，儿童一生下来就具有学习语言的能力。Chomsky 提出人脑的初始状态包含了人类所有语言的特点，也就是普遍语法。简而言之，普遍语法对人类来说都是不变的。人类所使用的语言都要符合普遍语法，只是某些次要方面不一样。普遍语法就是一系列的特征，而语言则从普遍语法中选择符合自己的特征。普遍语法主要关注的问题有以下三个：①什么是语言知识能力？②语言知识能力怎么才能获得？③语言知识能力怎么运用？Chomsky 语言中有一对核心的理论概念：内在化语言和外在化语言。传统语法研究向生成语法研究转变的一个重要标志是对外在化语言的研究向对内在化语言的研究转变。语言学理论中语言能力和语言运用之间的区别就是从内在化语言和外在化语言之间的区别转变过来的。

Chomsky 提出普遍语法就是由原则、条件和规则系统构成的所有人类语言共有的成分和属性。生成语法语言学家认为普遍语法存在于人类的语言器官中，人类大脑里都有普遍语法。无论儿童的父母说什么语言，出生在哪个国家，他们的大脑中生来就具有普遍原则。儿童出生后想习得母语并不需要学习这些普遍原则，因此才能够在短时间内精准地习得母语。然而要想习得一门语言仅仅根据这些普遍原则也是不够的。有些语言现象是所有语言共有的，被称为原则。而有些语言现象只是某些语言特有的，被称为参数。任何一种语言要么允许某种参数的存在，要么不允许某种参数的存在。因此儿童习得语言时只需要接触少量的语言材料就能像拨开关一样很轻易地设置参数。根据原则—参数理论，儿童在习得母语时不需要学习这些普遍原则，只需确定好参数便能很好地习得母语。

二、普遍语法在二语习得中的可及性

语言学家对普遍语法在二语习得中的可及性有着不同的意见，主要分为四种观点：完全可及、部分可及、间接可及和不可及。Flynn 和 Manuel 等学者认为普遍语法在二语习得中是完全可及的。他们认为就像儿童能够很轻易地习得母语一样，二语习得者也可以直接运用普遍语法。通过原则—参数理论重新准确地设置母语和二语之间不同之处的参数变量。Schachter、Clahsen 和 Muysken 等学者认为普遍语法在二语习得中是部分可及的。他们认为二语习得者只能一部分根据普遍语法来习得二语，而另一部分则是不可根据普遍语法来习得的。他们提出二语习得一部分可以通过普遍语法来完成，而另一部分要通过一般的学习策略来习得。Eubank 认为普遍语法在二语习得中是间接可及的。他根据研究结果得出结论：普遍语法在二语习得的起始阶段是通过母语起到作用，之后才直接起作用。因此，他认为普遍语法是通过二语习得者的母语从而实现可及性的，只有原来在母语中就有的普遍语法原则才可以在后面的二语习得中通过母语被习得。当第二语言设置的参数和母语设置的参数存在不同时，二语习得者不可以直接使用普遍语法里没有的参数，而只能通过母语重新设置参数。Clahsen 和 Muysken 等学者认为普遍语法在二语习得中是不可及的。他们认为成年人的二语习得和儿童的之间存在着很大的差异。儿童二语习得依据的是生来就有的语言学习能力和语言习得机制，然而成年人二语习得则不可以再借助普遍语法的原则和参数，二语习得借助的一般是学习策略。也就是说当二语习得者达到一定的年龄时，普遍语法在二语习得中不再可及，他们想习得二语必须通过其他的学习技巧来完成。

这些观点的矛盾之处表明，语言学家对普遍语法在二语习得中的可及性还是有着不同意见的，现有研究还不是很成熟。但从另一方面来看，学者还是可以从普遍语法的角度更好地探讨二语习得问题。

普遍语法理论最初虽然是基于儿童母语习得的问题才提出的，但仍然引起了二语习得研究者的强烈兴趣，并被应用于二语习得的研究。原则—参数理论的核心理念是普遍语法原则反映了人类所有语言的共性，同时也反映了不同语言之间存在参数值的差异。虽然语言学家对普遍语法在二语习得中的可及性存在很大的不同意见，但却为二语习得研究提供了一些新思路。语言学家尝试了将语言研究和二语习得研究结合起来，从而使得二语习得研究实现从关注语言行为到关注语言能力的转变，也为二语习得者能够更深入地理解二语习得机制提供了新的方法和依据。因此，在普遍语法理论框架下的第二语言习得研究必定会变得越来越深入。

第三节 二语习得的社会认知理论

历经半个世纪，研究者对二语习得的学科理论建设取得了显著进展。认知科学及社会文化领域的研究进一步表明，要想准确掌握习得语言的认知过程与相关因素对其的影响，就要全面考察学习者内在的认知因素和外在的社会因素。社会认知理论是在20世纪70年代兴起并逐步展开的，其视野也拓展到二语习得的研究中，于是便涌现了一些从整体社会认知观和分析社会认知观视角出发的研究者。譬如，Atkinson建立了二语习得的社会认知理论体系，以整体社会认知为导向，主张外部因素与内部因素共同影响着语言的学习。经过十多年的反思和探索，该理论持续发展，相关的实证探究也逐渐增多。

一、二语习得的社会认知理论

（一）理论背景

有关二语习得的研究开始于20世纪60年代末，以行为主义提出的刺激—反应联结理论以及结构主义语言学为基石，最初的研究者把语言的习得看作一种习惯的养成，他们鼓励在教学实践中通过不断操练句型来培养语言行为和巩固语言习惯。因此，那时较为流行的教学方法是视听法。在这个理论框架下，语言的学习是一种口头的描述行为与习惯的形成过程。

到了20世纪60年代后期，受到Chomsky语言天赋论的影响，二语习得研究进入第二阶段：心灵认知主义。该理论重视学习者的内在认知心理，强调语言学习是一个复杂且多变的思维过程，而不仅是简单的模仿与重复。

以此为背景，跟社会认知主义密切相关的第三阶段研究开始出现。社会与认知两派分别从不同角度出发尝试揭晓学习语言的内在规律，并取得了一些成果。Hymes提出了"交际能力"，意图取代Chomsky的双重体系——"语言能力"与"语言运用"。他强调学生在习得句子时，不但要知道其是不是符合语法规则，还要明白这个句子的用法是不是得体。Hymes的研究使得社会文化因素在二语习得领域的研究中引发了激烈的讨论。

近年来，认知科学领域的研究改变了人们对认知与环境之间关系的固有看法。研究者对人类认知与社会活动因素的研究逐步深入，继而把目光转向二者如何影响二语的习得，这时整合认知与社会两派研究的必要性日益凸显。Atkinson便构建了二语习得的社会认知理论。他指出，在社会认知理论框架下，二语习得研究应当更新对认知、语言和学习等概念的认识。

（二）理论内容

存在于社会中的人是一个完整的关系系统，语言则是人们进行交流与认知的一种工具，其与社会是共存的，同时也是不可或缺的一部分。语言不能和人的生活背景脱离开，不管身处何方，语言都和人同在，而人又从属于社会。所以说，语言的习得也就是人的认知系统在交际活动中学习语言的过程。社会认知模式便是"语言时时处处存在于一个综合的社会认知空间""语言总是相互地、同时地、同等重要地出现在人脑以及外界中"。因此，习得语言是由人脑的内在认知机制和外部社会环境的共同影响产生的。

在 Atkinson 看来，术语"社会认知"是由"社会"与"认知"两个概念整合而来，分别和外部世界与内在心理相关联。二语习得的社会认知理论认为语言和语言的学习都是一种社会现象，但同时也承认语言的心理属性与认知本质。

该理论的认知观认为人的认知、身体与环境三者共同构建统一的生态网络，即心智和身体、环境都密不可分。其语言观强调，语言不应被简单还原成抽象的语法规则，它是人进行社会活动的工具。其学习观指出，学习是个体认知和外界环境的动态协同过程。

Atkinson 把以上观点总结成三大基本原则——不可分离原则，即心智、身体与世界共同作用及影响二语习得；学习适应性原则，即学习语言是为了帮助学习者适应多变的社会环境；协同原则，即促进二语习得的重要因素是学习者内在心理和外部世界间的协调互动。这三大原则为二语习得的社会认知理论夯实了基础。

三、论证与讨论

（一）研究贡献

许多学者积极倡导二语习得社会认知理论的研究途径，是因为它在理论和应用方面都具有重要的价值。

该理论重视内部认知和外部环境之间的关系，主张语言处于统一的社会认知空间里，语言学习兼有社会与认知的双重属性。这无疑加深了人们对认知、语言以及学习等概念的理解，该理论的意义主要体现在如下三个方面：（1）向传统的二分思维发起了挑战，把研究二语习得拓宽到一种全新的视野；（2）坚持社会与认知因素共同影响二语学习的观点，这有利于缩小认知派和社会派之间的距离，从而逐渐消除分歧，促进两派理论的整合；（3）定性研究是必不可少的，社会认知理论拓宽了当前二语习得领域的研究思路。

此外，社会认知理论视角下的二语习得注重环境和学习者认知之间的关联，引进了"协同效应"与"互动模式"这两个重要概念，指出学习者发展语言能力需要与他人、社会环境以及具体情境间进行协调互动。随着研究的不断展开，其应用价值也越来越得到肯定。

（二）理论不足

综观二语习得的社会认知理论，它还存在着一些不足之处，值得进一步完善。

首先，从立论的角度来看，Atkinson等人反对把"社会"与"认知"看作是二元对立的关系，指出两者间没有明晰的界限，不必刻意区分外在、内在，他们共同构建一个完整的生态循环系统。就是说该理论认为"认知"约等于"行为"。这种社会派特征在实证研究中也有所体现，研究者聚焦在学习者如何使用语言上，却不太关注习得语言的内在过程。有学者甚至认为社会认知理论属于社会派体系，因为其倡导者没有把社会派与认知派的优势整合到一起。因此，如何结合认知与社会文化理论，从而形成一个既有逻辑性又有一致性的理论框架，仍然是个值得思考的问题。另外，该理论也没有及时有效地把当今影响巨大的认知语言学的"基于使用"的语言习得理论吸收进来。这正好展现出该理论还没有一个明确的语言学理论作为建设基础，因而解释力不足。

其次，在研究方式上，社会认知理论主张既应采取认知派惯用的宏观定量方法，又要采用社会派倾向的微观定性方法。然而在具体实践中，有关的研究方法却以微观定性为主，很少涉及宏观定量。此外该理论重视学习过程中的特性与变异性，时常忽视对共性及普遍性的探讨。

最后，该理论的适用范围也不够全面，应用性仍需提升。现有研究未能充分揭示外部环境的影响如何介入大脑的认知。

综合来看，社会认知理论的方法论和宏观理论间有着显而易见的脱节。

在研究二语习得的过程中，出现了多元化现象。但所有研究最后都建立在共同的社会认知基础上，即人是社会的，那么人所使用的语言当然也具有社会性。研究者需要重视语言的规则系统，同时也不能轻视把语言形式变为现实的多种语境关系。二语习得的社会认知理论注重从社会与认知两个角度进行语言习得，将人类的内在机制与外在环境有机地结合起来。

这种观点不仅综合了认知科学研究领域的最新成果，也为深入研究二语习得理论带来了独特的分析视角，推动了二语习得研究方法的进步。虽然还有不足，但随着理论反思和实证探究的持续推进，日后相关研究定会取得更大的突破。

第四节 多模态语境下的二语习得

二语习得是"第二语言习得"的简称，指人们学习并掌握母语之外的语言的过程。二语习得与母语习得不同。母语习得指在母语环境中，儿童自然习得母语的过程；二语习得是人为的、非自然环境下的习得，主要是语言课堂上的习得。婴儿自牙牙学语起就通过观察周围人的神态和动作来猜测话语的含义，由于整天浸润在母语环境里，儿童很快就学会了听和说。成人的二语习得却由于没有真实的语言环境而收效甚微。有证据表明，与那些受教育环境限制的学习者相比，在自然环境中学习第二外语者其熟练度更高。相比传统的二语习得教育语境，多模态语境更加接近自然语境。本节试图从多模态语境对二语习得的推动作用及多模态语境的创设等方面进行探讨，以期对二语习得和教学有所帮助。

一、多模态语境

模态（modality）来自 mode（模式、方式、模态），指人类通过感官（如视觉、听觉等）跟外部环境（如人、机器、物件、动物等）之间的互动方式。模态分为单模态、双模态及多模态。通过单个感官进行互动的称作单模态，通过两个感官进行互动的称作双模态，通过三个或三个以上感官进行互动的称作多模态。Kolb 和 Whishaw 指出，人们可以通过五个模态进行交流，即听觉、视觉、触觉、嗅觉、味觉等。

语境分为语言语境和非语言语境。语言语境指一句话、一个段落、一个章节甚至整本书，非语言语境包括参与者（说话人和听话人）、时间、地点甚至整个文化背景。词义受语言环境的影响，在很多情况下还受整个会话情境乃至社会文化环境的影响。没有语境，就无法确定说话者想要表达的意思。Krashen 的输入假说认为，只有借助语言语境和非语言语境，输入才容易理解。认知语言学理论认为二语习得者自身的因素和外部环境因素共同决定学习效果。

多模态语境指采用行为模态、视觉模态、听觉模态等多模态建立起来的有明确目的的符号系统，其信息呈现方式多样化。随着网络和多媒体技术的广泛使用，传递信息不仅依赖于语言符号，而且也依赖于副语言符号：图像、颜色、声音、动画等，它们和语言符号一起构建意义。

二、多模态语境与二语习得

语言的习得受语境影响，语境帮助学习者理解意义。自古至今，人类利用多种感官感知外部世界获取更多信息，并对信息进行确认及存储，这是人类认识世界采取的近乎本能的活动。人们在说话时常伴以表情、手势等来传情达意。语言与所看、所听、所感、所尝等生活经历相关，这些经历构建了意义。换言之，认知语言学认为，认知与语言的发展离不开人的感官对外界事物的感知，人的大脑和感官的运作及其运作环境直接影响到认知与思维，因为客观事物只有被感知才具有意义，而语言与认知受生理感知功能的影响。二语习得过程就是要通过大量的有意义的输入获取语言信息。这种有意义的输入不仅指书面材料，也指视频、音频材料等。日本记忆大师高木重朗对记忆术进行了研究，他认为一切记忆都通过视觉形象获得。若想记住某件陌生的事物，就要把这个事物与我们熟悉的事物联系起来进行联想记忆。

二语习得中，采取多模态的方式学习能加深记忆。Mayer 等人的研究表明记忆力跟获取信息的模态（感官）有关联。人们利用感官体验获取知识时，知识在大脑中停留的时间就相对长，记忆就相对牢固。Chun 和 Plass 对 103 名学习德语的美国大二学生进行的实证研究表明：在学习和记忆单词时，借助于声音、书面文字解释等计算机辅助的多模态注释，有助于二语学习者更高效地学习和记忆生词。Yoshii 和 Falitz 对图片辅助学习效果的研究表明，图片注释能够给学习者直观的视觉体验，能吸引学习者的注意力，增强词汇学习效果。外语学生听课时做笔记与不做笔记相比，做笔记的学习效果要好，因为在借助听的模态的同时还进行了书写（触觉）的动作。

三、多模态语境构建

鉴于多模态语境对二语习得的推动作用，人们越来越频繁地利用计算机信息技术构建多模态语境。多模态教学模式既重视各种感官在学生对知识建构中的作用，又重视非语言文字符号模态在意义传递和建构中的作用。依托文字、图画、声频、视频等模态的听、说、读、写活动为二语学习者提供了更为便捷的、接近真实语境的学习机会。

（一）课堂教学多模态语境

在国内缺乏学习外语的真实环境，利用多模态语境进行教学能够使学生多模态感知和学习语言，增加师生互动机会，提高教学质量。

教室多模态语境包括教室环境及教师的授课方式。教室内桌椅的摆放方式和墙上张贴的字画都是一种视觉交际，向学生传递某种信息。桌椅的摆放根据教学需要而定，可以是授课式、回字形、口字形、V字形等，不同的摆放模式满足不同的教学活动需要。多模态还来自教师课堂中使用的智能教学软件，学生在课堂上实时答题、弹幕互动；也包括图文并茂的课件及课件里穿插的视频和音频文件，教师在讲述时声情并茂并伴以手势不断吸引学生的注意力。一种模态需要其他模态的辅助来完成信息传递，各种模态相辅相成、互为说明。没有文字的图表可以有不同的解读，教师口头的解释说明能让学生明确图表的意义。此外，教师声情并茂的语言及热情洋溢的肢体动作能加深学生对课件内容的理解。作为符号资源的每一种模态都能促进有效交际。学生的任务是调动各种感官去理解各种符号资源。有时为了加深学生对知识点的理解和应用，教师会安排做游戏、小组讨论、角色扮演、制作微视频等活动，让学生在学中做、做中学，动用多种感官体验，训练学生的语言能力。

随着教育信息化建设的快速发展，很多学校借助互联网、边缘计算等新技术手段，完成了对传统教学环境的重构，创设了新型的多模态外语教学环境——智慧教室。智慧教室包含六大系统，即电脑、大屏显示设备、书写设备、扩音系统、摄像系统、录课系统，实现多模态传输信息。教师在走下讲台与学生充分互动的同时进行板书批注，学生的评论也可以弹幕的形式出现在屏幕上。其中的教育录播平台可以录制教学视频，并通过高速网络将授课视频实时推送到其他课堂，实现两个课堂的双向互动，促进优质教育资源共享，国内学生也可以通过连线观看、倾听和参与国外课堂教学活动。

（二）自主学习多模态语境

在多模态学习环境中，学生可以选择对自己有利的模态进行自主学习。智能手机和电脑的高度普及使大学生能借助各种信息化资源开展更有效的自主学习。学生可以通过互联网获取网上资源（音频、视频材料/慕课、微课）进行听说训练，或者参加在线课堂学习，也可以通过基于校园网的教学平台在线自主学习。教学平台资源包含微视频、课件、教案、相关辅助资料、在线教学指导互动环节、教学活动、教学评价和学习支持服务等，教师要明确教学目标，建设基于多模态的优质教学资源库并投放网上，供学生自主学习。

日新月异的现代化信息技术为多模态语境的构建提供了无限可能性，丰富了二语习得模式，提高了二语习得效果。教师在课堂上要构建多模态语境，借助多种教学手段和方式进行教学，增加语言课堂的趣味性和吸引力，提高学生的课堂参与度，提高课堂教学效果。与此同时，要精心制作慕课和微课等优质的课程资源来满足具有不同学习风格的学生的需求，使学生随时随地实现移动学习、在线学习。

第五节 文化冲突对二语习得的影响

文化作为软实力不可或缺的一部分，在国家的发展中也起着举足轻重的作用。语言作为文化的载体，是文化输出的重要内容。正如 Sapir 所指出的那样，语言需要一种环境，没有文化，语言就不能存在。每种语言都建立在一定的文化基础之上，其发展必然受到人类社会发展的影响。因此，随着每个国家文化的发展，每个国家的语言也在发展。为了使外语学习者能够快速熟练地掌握一门新语言，第二语言习得理论应运而生。然而在对其进行研究时，很少有研究者考虑学习者内部因素对第二语言习得的影响，从文化冲突的角度考虑的研究者较少。然而，语言和文化是部分和整体之间的关系，它们是相互依存的。语言习得意味着文化的转移，学习第二语言的过程就是获得第二种文化的过程，语言习得需要整合外国文化。通过学习外语，学生可以创造跨文化理解的机会。由于不同民族有不同的发展历史和文化背景，每个民族的语言都继承了民族的文化特征。因此，文化冲突是否对第二语言习得的各个方面产生影响以及对各方面的影响程度已成为我们研究的重点。

一、二语习得理论

作为一门独立的学科，二语习得理论于20世纪后期形成。从Ellis的角度来看，二语习得主要研究人们如何在课堂内外学习母语以外的语言。在应用语言学中，它指的是人们逐渐提高他们的第二语言或外语水平的过程。Krashen对二语习得理论进行了广泛而深入的研究和讨论。他的二语习得理论一经提出就在这个领域引起了巨大反响。他的理论实际上是近几十年来第二语言或外语学习研究的总结。他还将各种研究理论化和系统化，使其成为一个系统的学说。20世纪70年代末80年代初，语言学家提出了许多理论模型来解释第二语言习得的过程，而Krashen的监察理论是最具影响力和最著名的理论之一。他的理论主要包含以下几个假说：

（1）习得—学习假说。这个假说将第二语言学习能力的发展分为两个独立的方面：习得和学习。"习得"是指学习者获得第一语言时的潜意识过程。而"学习"是一个有意识的过程。

（2）自然顺序假说。该假说认为第二语言规则是以可预测的顺序获得的。它主要取决于语言的复杂程度，与教学项目出现在课程中的顺序无关。

（3）监控假说。该理论是Krashen监察理论的核心。它解释了第二语言学习者如何获得新的第二语言。此假说要求输入信息必须易于理解，并且可以被阅读、听到或理解。它必须是有意义的，学习者应该注意意义本身而不是有意义的输入形式。而为了促进学习者第二语言能力的发展，输入信息不能太简单。

（4）输入假说。由于学习和习得是第二语言习得过程中能力发展的两个不同方面，"学习"的作用和"习得"的作用也完全不同。该理论认为，在第二语言习得过程中，学习者可以通过获得的知识来真正提高其在目标语言中产生话语的能力。

（5）情感过滤假说。该理论最初由 Dulay 和 Burt 提出。Krashen 在前者的基础上整合了相关信息，形成了系统的理论。他认为，在第二语言习得过程中，学习者的动机、焦虑和自信等各种情感因素对学习者的第二语言习得结果有一定的影响。

二、文化冲突

文化影响着我们日常生活中的言行。虽然每个人的个人行为可能不同，但同一文化背景下人们的文化特征是相同的。因此，在日常交流和学习中，学习者必须解决的第一个问题是文化差异，这也是文化冲突和错误传播的主要原因。

根据许多语言学家的研究，我们发现有十个因素会影响我们解决沟通过程中的冲突的方式。这十个因素包括：面子、青睐、性别、相互关系、权力、资历、地位、利益、冲突的严重程度和可信度。冲突发生在人们意识的不同领域和层次上，很容易带来不同程度的危险。当交流过程中存在两个或多个不兼容的因素时，文化冲突就会产生。这些由不相容因素引起的冲突主要可分为以下几个方面：内部冲突、人际冲突、群际冲突和组织间冲突。

三、文化冲突对二语习得影响的重要性

（1）从冲突本身来说，当相互依存的各方遇到不协调的目标、不可避免的资源竞争以及与意见相悖的决策时，这些因素可能会引起分歧。文化冲突确实是影响我们内部反应和外在行为的消极因素。此外，文化冲突也可能导致交际双方的负面情绪。这种负面情绪在不同的文化背景下大致相同，只有轻微的差异。

（2）从输入的角度来说，在语言习得中，学习者不仅要关注语言的内容和规则，还要在能够理解语言信息输入和反馈的学习环境中使用新获得的语言，区分可接受的文化和不可接受的文化之间的知识。由于文化背景发展的差异、价值取向以及既定行为规则的一些相似但不同的特征，学习者在获得语言时或多或少会不可避免地遇到麻烦。如果这些问题不能及时解决，最终会造成文化冲突。相反，这些文化冲突会再次影响学习者的第二语言习得，也会影响学习者对二语学习的积极性，最终造成负面影响。

（3）从输出的角度来说，学习者需要具有大量可理解的输入和可理解的输出才能成功获得第二语言。通过可理解的输入，学习者可以掌握另一方传达的意图。通过可理解的输出，学习者可以充分发挥他们的语言水平。学会使用是一个必要的过程，能够巧妙地使用是学习者学习第二语言的最重要目的。

本节系统地描述了二语习得理论和文化冲突。通过描述，我们可以得知，文化冲突是影响第二语言习得的一个重要因素，文化冲突现象的原因也是多种多样的。因此，在第二语言习得过程中，学习者要想成功地获得第二语言的知识，并以第二语言与人交流，文化冲突是学习者必须克服的一个障碍。

第五章 认知语言学与二语习得

与传统研究范式不同，以涉身认知哲学思想和涉身认知理论为基础的认知语言学，强调语言本质上是社会的，语言能力不是人类大脑中天生的机制，而是基于用法逐步形成、运用和习得的，认为应在遵循有关心智和大脑一般知识的前提下，对人类语言的一般原则进行描写并对语言现象进行阐释，其基本原理被广泛应用于语言研究的各个方面（语言理据性、象似性、范畴化、语法化等），为解释语言现象提供了崭新的视角。然而，学者们并不囿于认知语言学范式单纯语言现象的研究，而是尝试性地将相关理论应用到语言习得、翻译等领域，使其应用领域日益扩大，研究内容也越来越丰富。

21世纪以来，国内外研究者采用理论和实证相结合的方法，基于认知语言学核心概念进行的二语习得研究也如火如荼，在多维探讨与语言习得相关的人类大脑获取、处理、保存和运用语言的机理方面取得了丰硕的研究成果。认知语言学相关理论对语言习得的指导意义日益凸显。本章将重点梳理国内外著名学者基于认知语言学核心概念对语言习得开展的研究实践、成果、基本观点以及二语习得与母语习得的联系，分析认知语言学视角下二语习得的研究现状和范式，评述认知取向下二语习得研究的实践意义，指出现有研究的不足，同时对今后的发展趋势进行展望。

第一节 认知语言学对语言习得的基本观点

一、二语习得常用认知语言学核心概念

（一）语言体验观

认知语言学一贯强调涉身体验在人类认识世界过程中的重要性，其基本假设是语言是基于使用的，是在具体的社会环境、真实互动中学会的。在人类"近取诸身"的感知和体验过程中，空间位置和运动概念作为人类意义系统的核心成为若干其他概念形成的基础，用以解释许多语义域。Lakoff 提出形式空间化假设，并以此为基础对语言中基本句型的形成过程进行了论述。Langacker 的空间语法和 Lakoff、Johnson 的认知语义学则明确提出语言知识（范畴、概念等）源于人类基本活动，与其使用者的经验结构、认知方式、思维密切相关，是经验的产物。由此形成的"现实—认知—语言"三位一体体验观认为语言中的词汇、概念及其组合建构规则与语言主体的感知体验和认知结构密切相关，认知和意义是人类通过身体、大脑和对世界的体验而形成的，只有通过身体、大脑和对世界的体验才能被理解。其基本形式是对身体部位、空间关系、力量运动的感知互动，首要原则是主体通过身体感知现实空间产生大脑经验，经人类理性思维和想象力在大脑中形成构思方式，继而逐步生成范畴、概念、推理和心智等基本成分。语言体验观则视语言为社会的、文化的、语境的，从而将社会互动置于意义研究的中心，突出语言的社会实践性和理据性，有助于帮助人们跳出就语言而研究语言的藩篱，更好地揭示语言的本质及其背后的认知机制。

认知语言学的核心概念主要包括语言体验观、认知范畴理论、标记论、意象图式理论、框架与脚本、心理空间与概念整合理论、认知域、关联理论等。本章将对认知语言学的核心概念进行梳理，廓清概念外延并探讨其在二语习得实践中的应用路径。

（二）认知范畴论

认知范畴理论的主要代表思想是 Wittgenstein 的家族相似性理论和 Rosch 的原型范畴理论，其他语言学家也为上述理论的发展和完善做出了重要贡献。认知范畴理论认为同一个物体、事物和事件可以围绕成员相似性，按照各成员之间的关系被划分为不同的范畴。原型范畴理论侧重范畴核心概念的概括性图式表征，强调原型是范畴中的典型事例，处于范畴的中心位置，是人类认识事物并对事物进行分类的基础，由于区分度最大、信息量最多，常用以代表范畴化，表征范畴化。原型范畴观认为多义范畴中必须有共同的语义，但有些学者对多义词的义项进行分析，如 Taylo 对"climb"一词的分析，发现有时很难找到共同的语义来统一多义词的各义项，即有些多义词义项中不存在一个核心的原型范畴，但各个义项之间共享一点"家族相似"状的语义网络结构。对于这种现象，Langacker 早在 1987 就有所表述，提出两种范畴化概念：基于原型的范畴化与基于图式的范畴化。Langacker 认为图式与原型恰好相反：原型范畴下的成员与关于原型概念的相似程度是有层次的，有些与原型相似多些，有些少些；而图式是抽象的特性，基于图式的范畴建立在所有成员的共同特征之上，成员之间没有明显的层次，一个图式可涵盖所有成员。

语言与心智的关系问题是认知语言学关注的基本问题。范畴化是人脑的一种认知能力，范畴层级的形成是人类身体经验和语言本身的属性等主客观因素互动的结果。因此，范畴化是认知语言学的核心问题。人们在构建范畴时一般依据原型寻找事物间的共性，首先建立低层次图式表征，再建立更高层次的图式。儿童母语习得早期和二语初学者的范畴过度扩展现象为范畴化理论提供了有力的证据。范畴理论的这种"中心（原型）—边缘"内部结构的最大优点在于它不仅能够反映某一范畴类别的共同心智意象，方便对语义范畴的聚类、存储和提取模式进行描述，还能对学习者的词汇习得序列做出符合认知发展的阐释，在二语习得研究中应用非常广泛。

范畴理论是认知语言学研究的基石。当前，尽管学界对于范畴和家族相似性的关系仍持不同的观点：有学者坚持家族相似性是范畴化的基础，另有一些学者则认为家族相似性具有反共有属性和反本质主义，会导致范畴化的虚无主义。但对于语言学家来说，范畴化基于人们的心智体验而产生，潜存于语言使用的全过程。因此，范畴可以理解为储存于人们心智之中的心理概念。当前认知范畴理论与心理学相关研究方法相结合的成果之一——心理词库，也反映了认知概念心理加工的范畴化状况。

（三）意象图式理论

Langacker 将人们进行语义描写时形成某个概念或概念结构的具体方式称为意象。由于不同语言使用者的涉身体验不同，他们在理解、把握某一事物或情景时，往往使用不同的视角，选择不同的注意力和辖域，由此便可解释同一情景为何会产生不同的表达方式，或不同表达方式为何会激活大脑中不同的意象。

图式理论最初是由德国哲学家、心理学家康德在 1781 年提出的，此后应用于认知心理学，成为用以解释心理过程的理论模式。20 世纪 70 年代至今，不同学者从不同视角对图式进行定义：Rumelhart 和 Ortony 将图式描述为人们大脑长期记忆中所储存的相互作用的知识结构；Rumelhart 则称之为"知识的砌块"；Malley 等人强调图式并非琐碎零散的知识结构，而是按层次组织的；Anderson 则认为图式是一种范畴的体现，提出可以用槽值结构表示图式的组成部分及典型特征。

Lakoff 和 Johnson 基于综合意象和图式两大概念，提出意象图式理论，描述人们在视觉和动觉经验中反复出现的动态构型，如容器、联结、力量、路径及各种空间方位和关系。此后，许多研究者对其特征、功能及其在认知和概念化中所起的重要作用进行了概括：Langacker 在认知语法中提到的意象被认为是由基底和侧面组成的语义完型，同一意象的不同词类描述相当于同一基底的不同侧面，将这些侧面联系起来的基底就是家族相似性；Van Dijk 把图式归为高层次上的复杂知识结构；Oakley 则认为意象图式是人们为把外部镜像投射到概念结构而将感知体验进行压缩的再描写。上述释义虽然各不相同，但大都认同图式是背景知识经抽象和概括而存在于头脑中的认知结构。其基本观点是语言植根于人的感知体验，该体验并非单一事件或经验的简单堆积，而是有组织的功能性编组。这些编组与语言使用者的主观认识、背景知识、社会文化等百科知识紧密联系；意象图式建立在人类与外部世界互动体验基础之上，是感知世界和理解语言的基石。人们关于外界的信息几乎都是大脑中图式处理的结果。

Talmy 的力量—动态意象图式利用空间概念阐释人类与现实世界的互动，并指出由此所形成的意象图式在语言建构中具有核心作用，无论是以意象、动觉运动、格式塔感知为特征的基本层次概念，还是表达"场"概念的语义框架，抑或隐喻及隐喻衍生的若干新的概念意义和语言表达，都是人类基于视觉、触觉、动觉等感知能力对空间位置和运动进行的概念化结果。该观点得到一些语言学家的一致认可。Langacker 的弹子球模型和舞台模型即是基于力量—动态意象图式发展起来的典型事件模型。根据该模型，意象图式只有在新事物与不断发生作用的既存知识结构建立关联时，才能得以构建并产生意义。如果大脑中存在待处理的信息图式，那么该信息处理就会畅通，否则信息处理就会受阻。

意象图式作为人们对事物所形成的初始认知结构，具有较高的稳定性和概括性。借助意象图式，人们能够透视自然语言中更接近人类底层认知水平的一系列义原，在遇到新事物时，可以经济地提示信息范围、确定认知域，对语言中的多义现象和句法结构分析具有较强的解释力。

（四）框架和脚本

框架和脚本源自人工智能领域，用以指人们大脑中存储知识的方法。Fillmore 将框架概念引入语言学，于 1982 年提出了框架语义学。Fillmore 认为框架是一种认知结构、经验空间或概念体系，是语言使用个体或社团总结出来的相互关联的经验范畴的综合。Ungerer 和 Schmid 把脚本引入语言学，指出脚本是为"经常出现的事件序列专门设计的知识结构"。

根据框架语义学，语言使用者对词语意义和功能的理解依赖于其所掌握的语义框架，因为框架可为词语在语言及言语中的存在和使用提供所需的背景知识，要理解框架中的概念，就必须理解整个概念体系，或者说一个词只有与语言使用者头脑中的某一框架匹配成功，才会激活所有其他概念。如"hospital"会激发"医生""病人""疾病""手术""死亡""康复"等一系列与医疗有关的语义框架。而脚本的作用则是将一些行为序列和环境条件组合为事件知识单元，即一系列概念"预测"发生的背景及其应该出现的行为序列。

通俗来讲，框架是建构某些中心概念的一般知识，是自下而上地引发整个框架的普遍模式进行加工的过程；脚本则是构架基层事件的具体知识，是自上而下地根据次级事件的预期顺序进行加工的过程。当面临新事物时，人们就会自然而然地将之与头脑中储存的框架相匹配，如果匹配成功则顺利获得对该事物的认识；否则，再取与新事物相近的框架，修改、补充匹配不成功的框架。脚本则是一个知识存储结构，为行为序列或条件组合提供加工依据的预期源，帮助语言使用者在话语理解时无意识地从脚本中提取信息填补被省略的信息。可见，框架是静态的知识构造，而脚本则是动态的语义推理。

框架和脚本将单一的词汇语义层面、框架层面同与之相关的整个知识结构背景相结合，不仅有助于揭示语音、词汇、语义和句法等语言现象之间的联系，还能帮助学习者更好地利用背景知识促进语言习得，对于探索学习者语义存储和提取、特定语境下的语义推理以及心理空间的运作机理也有很大启发。

（五）心理空间与概念整合理论

人们在进行思维和谈话时，受语法、语境和文化的影响，其思维和意义的话语构建往往会与情境及其共现要素相适应。为有效考察人们的语言分析活动如何受语境意义和语用功能影响，Fauconnier提出心理空间理论，即利用输入空间及其他共有图式结构实现概念的跨空间映现。心理空间理论为探究语言即时或实时产生与理解过程的综合性话语理解和管理，如指称晦暗性、预设等，提供了重要理据。然而，由于映现只存在于概念化过程中，且本质上是非语言的，限制了该理论对纷繁的语言运用背后的人类认知机制的解释力。在大量研究的基础上，Fauconnier、Turner、Coulson等发现一条涉及两个或多个心智空间激活和加工合成的重要心理空间认知操作——概念整合。概念整合利用输入空间之间对应成分的连接，能将简单事件整合成复杂事件。概念整合的独特之处在于它使语言研究脱离语言的过程表征抑或意义表征之争，即通过将语言视为"强有力的和标示不足的一组提示"，将语言现象与意义置于竞争性优先原则的制约下，对语言中的现象—意义构建过程做出认知阐释。

（六）理想化认知模式

理想化认知模式，用以指人们在认识事物、理解世界过程中，逐渐对某领域中的经验和知识所积累起来的抽象的、统一的组织和表征结构。之所以称之为理想化认知模式，是因为该空间不是客观存在的，而是人类头脑中具有原型结构性或中心的复杂知识表征。之所以将之表述为原型结构或中心是因为组成理想化认知模式的各个认知模式地位不相等，只有那些典型的原型或中心认知模式才能体现理想化认知模式，而非典型或非中心需要根据隐喻和换喻进行延伸。

Lakoff理想化认知模式构建于人与世界交互的涉身体验基础之上，主要遵循命题、意象图式、隐喻映射和换喻映射四个原则。其中，命题是组成模型的各成分，包括各成分间的关系；人类与客观世界交互体验中重复出现的那些相对简单的结构为意象图式；隐喻映射能够将命题、意象图式或其中的一个成分从一个经验域映射到另一经验域的结构中去；换喻映射的功能则是通过同一经验域中易感知、易理解、易辨认的部分映射整体或整体的某部分。显然，理想化认知模式包含了框架、脚本、图式等理论，同时，也将Lakoff和Johnson所建构的隐喻和换喻理论纳入其中，使之成为前两个原则基础上的扩展辐射机制。而该机制下的模型成员必定不是固定的，而是伴随人类认识的深入不断增加，具有开放性。

（七）认知域

在1987年出版的《认知语法基础》一书中，Langacker将描写某一语义结构时所涉及的概念域称为认知域，同时指出任何成为认识另一个更具体的认知单位的参照或背景的概念域都是认知域。可见，认知域是任何概念或知识系统，它既可能是一个复杂的知识系统（如时空概念、社会关系），也可能是一个简单的知觉或概念（如一周七天）。

根据认知域在层次和复杂程度上的不同，Langacker将之分为基本认知域和非基本认知域。所谓基本认知域，就是指那些先于语言而产生的涉及人类基本经验（如对时间、三维空间）的感知，因其属于人类认知世界的原始表征域，常被当作其他体验产生的参照或背景。概念层次网络，也称百科知识，就是以基本认知为基础产生的概念。该概念又为更高、更具体的概念提供参照或背景，由此形成具有层次性、结构复杂的概念系统，如空间域、时间域、情感域。"隐喻就是一个认知域向另一个认知域的投射"，投射产生的视角会对注意力产生引导，从而使认知域中的某特定区域或构型较其他区域或构型更为凸显，从而获得意义。

认知域是人类知识内容在大脑中的内化，是"概念潜势区域，它们使得概念成为可能"。认知域是概念化过程中的一个确定领域，可为探讨语义单位的描写、发掘语义间的关联及各种意义要素在心智中的组织路径提供语境参照。

（八）关联理论

关联理论肇始于 Sperber 和 Wilson 出版于 1986 年的《关联性：交际与认知》。关联理论一经提出，就引发了国内外语言学界的广泛关注。Sperber 和 Wilson 在广泛吸收当代认知科学、行为科学以及社会心理学研究成果的基础上，对关联理论做了必要的修订和补充，使关联理论框架下的研究内容越来越丰富，研究视阈也趋于开阔。关联理论在广泛吸收格莱斯理论中若干一般假设的同时，将一系列语用准则缩减为一个关联原则和一个交际原则，即人类认知常常与最大关联性相吻合，人们每一个明示的交际行为都具有潜在的最佳关联性。因此，该理论常被称为后格莱斯语用模式。

关联理论从认知学的角度对人类交际的内在机制进行阐述，提出语言交际是人们借助推理思维、花费最小的信息加工努力获知信息最大关联的一个认知过程。因此，交际过程中，双方倾向于对那些与自己认知存在最大关联的信息给以更多的注意。与其他理论相比，关联理论具有三个突出特征：首先，关联理论植根于认知理论，是理论驱动下的产物；其次，关联理论以言语理解的解码和推理为基础；第三，关联理论研究的现象是动态的而非静态的。关联理论所具有的上述三个特征有助于探讨学习者习得并使用第二语言的语用现象和特征，对于分析这些现象和特征形成和发展的规律也具有很大的指导意义。

关联理论融合语用学、心理语言学等理论要点，突破语言研究的静态观点，通过诱导学习者隐含的深层、抽象的语言能力，将二语习得的许多逻辑问题，如对话中的不完整表达式、歧义句，置于可解释性的理论框架之下，不仅有利于揭示思维、智能推理的心理机制和知识在大脑中的加工处理、心理理解过程，也为语言内化、心理表征与言语搭桥等二语习得机制提供了一套卓有成效的理论模式。

上述核心概念各有侧重，又互相联系，如意象、图式、认知域、理想认知模式等在使用中相互交织，不断拓展着认知语言学理论的应用疆域。准确理解其渊源、联系和差别不仅有助于理解认知语言学理论体系，对于深入分析语言理解、加工的基本特性，改进语言教学方法、提高语言习得绩效、勾勒人类认知机制都具有很好的理论指导意义。

二、二语习得与语言习得基础理论

20世纪是语言学理论频出的年代,各种理论间的争鸣此起彼伏,推动语言研究领域不断拓宽、日渐深入。泰勒指出无论哪种语言学理论都必须回答三个基本问题:语言知识是什么?语言是怎样习得的?语言是怎样使用的?

那么,认知语言学在这三个问题上的基本观点是什么呢?

早在《体验哲学》一书中,Lakoff和Johnson就在方法论层面把认知语言学的哲学理念概括为三个承诺:第一,概念和理性思维的充分理论必须提供具有认知和神经现实性的心智解释;第二,必须从尽可能多的来源寻找趋同的证据;第三,必须提供经验性的概括,即"认知现实性承诺""趋同证据承诺"及"概括性和全面性"承诺。在对语言的基本看法上,认知语言学代表人物大都认为:语言能力是人的一般认知能力的一部分;语言不是一个自足的系统,句法也不是语言的一个自足的组成部分,而是跟语义、词汇密不可分;语义不仅仅是客观的真值条件,还跟人的主观认识密切相关。

在三个承诺的基础上,Croft和Cruse进一步概括了认知语言学的三个假设:语言不是一种自主的认知能力;语法是概念化的过程;语言知识来源于语言运用,从而否定了生成语法所倡导的语言能力的天生性,强调语言能力建立于人们对具体场景、具体话语的认知之上;否定了将概念结构简化成一种与客观世界相对应的简单的真值条件关系,强调语音、形态、语义、句法等语言知识体现在本质上与概念结构的体现是相同的,对所要传递的经验加以概念化是人类认知能力的主要方面。

Evens和Green通过对范畴化、多义现象和隐喻三种截然不同的语言现象进行考察,探寻人类语言共享的发展和运作之总体机制。他们基于大量直接证据和具体语料,提出概括性承诺和认知承诺。概括性承诺打破了传统流派对语言所进行的独立模块的切分,提出人类语言是由词汇、句法等层面组成的连续统,共享特定且普遍的基础性组织原则;认知承诺坚持语言是人类一般认知能力的结果,并伴随认知能力的发展逐步发展,进一步明确了语言和语言组织反映的是普遍性,而非仅适用于语言的特殊性。概括性承诺为认知语言学统一描写和解释各层面的语言现象提供了理论基础,认知承诺则使语言机制与其他关于人脑、思维的认知机制联合起来。

刘正光通过对认知语言学研究的假设和承诺进行分析，做出如下归纳。

（1）语言的本质特征是符号性，语言构式都是有意义的语言符号。

（2）交际服务是语言的基本目的之一。说话者说出和理解话语的认知过程能够反映其一般认知能力的敏锐性和专业性。

（3）语言以使用为基础，语法产生于语言使用。

（4）语言能力是一个结构有序的、由有意义的语言构式组成的清单库。语言能力是认知能力不可分割的一部分，它与社会、文化、心理、交际、功能相互作用。

Croft 强调说："认知语言学具有这样的潜质：既可为认知以外的语言理论做出贡献，也可为语言以外的认知理论做出贡献。"语言的学习离不开认知，语言能力是人类认知能力一个组成部分。不管是母语习得还是二语习得，都是认知语言学领域中的重要内容。21 世纪初，Robinson 也通过对语言习得研究中的认知理论进行系统探讨，提出语言习得研究的认知取向，即通过解释语言使用者的思维推理和智能结构，揭示语言加工和发展的内在规律。2008 年，Robinson 和 Ellis 在其主编的《认知语言学与二语习得手册》中收录了大量的专著和文献条目。近年来，国内外学者基于认知语言学的范畴、图式、识解、心理空间等核心概念对二语习得和教学中的许多具体现象进行了一系列研究，给予了独具匠心的阐释，形成了一系列可供操作的研究范式，标志着认知语言学和第二外语习得的研究已经进入了一个新的阶段。

二语习得与母语习得作为认知语言学关注的领域，语言学家对其进行了大量的比较研究。泰勒发现二语习得与母语习得有很多相似之处。虽然无论水平高低，二语学习者都会同本族语者存在差异，但随着学习者水平的提高，其二语的认知选择和判断（如原型范畴）呈现出越来越接近本族语者的趋势。根据认知语言学的基本观点，二语习得就是运用母语习得能力学习第二种语言。因此，了解母语习得与二语习得的异同和联系，有利于更好地把握重点，提高二语学习绩效。

首先，从认知角度来看，语言习得的过程是对诸如语义、句法、形态、语音等离散但又受一定结构约束的符号串的实时感知与产出。这些符号的概念及结构同其他知识一样，都是建立于人们对具体语言认知的抽象化和图式化基础之上。二语习得以具体用法为基础，与母语习得拥有很多共同特征。认知语言学研究的目标之一就是通过致力于揭示二语与母语在语言学习和语言应用中的认知过程和规律，帮助教师和学生提高认知效率。

其次，认知语言学认为，二语习得与母语习得存在一些本质上的共同点，如它们都会受到频率、提示与结果关系的关联度、多个提示之间的竞争、凸显度等因素的影响。但由于二语习得建立在学习者已经掌握的母语认知基础之上，所以，母语因素一直是二语习得研究中的重要因素。母语中的句法、语义、思维方式等既会对二语习得的某些过程产生促进，也会产生遮蔽和阻断。

其三，认知语言学认为语言学习过程也是学习者认知结构不断变化和重组的过程，学习者在对语言知识进行编码、储存、加工时，往往会将语义进行聚合与切分，并将可分辨的概念按照范畴进行分类和定位或激活相关图式。在每一范畴化的过程中，人们会有意无意地借助头脑中已有的心理表征和认知模型，提取相似经验来对新信息进行主动的组织和建构。因此，与母语一样，原型意义比边缘意义更早被二语学习者所习得。

其四，在语言习得问题上，认知语言学一直强调使用过程中的习得。鉴于在世界上绝大多数国家，二语学习都是在课堂环境下进行的，缺乏必要的交际环境和文化氛围，认知语言学提出二语习得要充分重视学习语境和氛围的构建，提高语言学习者的参与和互动，丰富其语言体验。

认知语言学与二语习得研究的结合有其必然性。首先，二语习得涉及语言在特定环境下的理解和生成等复杂认知过程，学习者利用大量的形符输入，将之与已有经验相结合并加工成类符形式进行概括、储存和提取。然而，由于语言心理加工和大脑加工的不可视性，长期以来，依靠经验主义进行的研究难以清晰地阐释语言知识是如何与人们的普遍世界知识联系的。加之由于历史原因，人们在二语习得研究上更多地强调语言学和社会文化的因素，忽视了与语言能力发展紧密相关的心理和神经机理，使融合了语言学、心理学、哲学、神经科学等多学科研究的认知语言学具有更广泛的适用性，能够一定程度上弥补传统的横向研究法和纵向研究法的不足。伴随认知语言学核心概念的应用，二语习得也从以内省为主逐渐过渡到以实证研究为主，为多维度揭示、阐释语言习得过程中的认知机制提供了崭新的视角。

第二节 认知语言学角度二语习得研究现状

一、多义词的习得

认知语言学的许多研究都发现，多义词各个义项并非孤立存在，而是以基本义项为原型组成语义网络。相关的二语习得研究力图回答如下问题：词的各义项的关系是否有助于学习者掌握词的意义？

泰勒发现二语习得与母语习得有相似之处，具体有：（1）原型意义比边缘意义更早被二语学习者习得；（2）学习者水平越高，其对二语原型的选择和判断就越接近本族语者，但是无论学习者水平如何都会同本族语者存在差异。

Csabi 以 hold 和 keep 这两个多义词为焦点，通过实验的方法发现了在词汇教学过程中的概念隐喻、借代等语义激活因素。他以 52 名匈牙利中学生为受试（中等水平的英语学习者），将他们分为实验组和控制组，实验材料是包含 keep 与 hold 的三组填空题（第一组题要求使用这两个词填空，第二组题要求使用包含这两个词的短语动词填空，最后一组题要求使用包含这两个词的熟语填空）。实验开始前，两组受试接受了不同的教学方法，即教师没有向实验组提供这两个词语对应的匈牙利语的解释，而是按照词语多义现象的认知机制，解释了词语多义产生的激活因素，学生按照意义激活的知识进行了记忆；而对控制组则采取一般教学方法，提供对应的母语解释，要求学生根据这些信息进行记忆。通过对所收集数据的分析，Csabi 发现实验组，即接受并且了解到多义词现象中某些概念和认知机制的（例如概念隐喻和借代）学生，比起不熟悉这些机制的学生来说，能够更加轻松地掌握词的多项意义。

二、介词的习得

介词也是一类典型的多义词，在认知语言学研究中受到了特别的重视。介词形式上虽貌似简单，但实际运用却相当复杂，对二语学习者来说异常困难，并且对高水平的学习者也构成了一定的障碍。这方面的研究较多，下面对此专门讨论。

有些研究注意考察学习者在习得介词各类义项时的差异。Boers 和 Demecheleer 对73 名法语背景的英语学习者做了一项阅读教学实验。他们发现：了解 beyond 的核心空间义项的学生能较好地解释该词的比喻义项，显著好于使用词典学习该词全部义项的学生。

瞿云华、张建理以 before 为例，对某大学 100 名学生的词义系统习得进行研究。他们首先根据认知语言学的相关理论和以往的研究，确定了 before 的多义系统及各个义项扩展的路径。研究的主要目的是确定：（1）多义系统中各个义项的习得顺序；（2）大学英语各阶段习得程度的差异；（3）大学英语（即公共英语）与英语专业学生的习得程度的差异。他们选取三个不同学习阶段的学生作为受试：大学英语四级 39 名学生、六级 36 名学生和英语专业四级 25 名学生。实验工具是 15 道汉译英题目，要求受试用 before 来进行翻译。通过分析数据，研究者根据受试在 before 各个义项上的得分情况，确定了三组受试对该词语多义系统的习得顺序，同时还发现大学英语阶段（即，本研究中的大学英语四级组和大学英语六级组）在习得 before 各个义项的程度上没有显著差异，研究者认为在大学英语阶段，尽管学习者的词汇量有所扩充，但是对 before 这个词汇的习得质量却没有得到提高。另外，该研究还发现，专业英语四级的学生与大学英语的学生在习得程度上存在显著差异。笔者在肯定该研究价值的同时，认为它也存在着某些缺陷。例如，仅通过一项汉译英测试就确定习得顺序不甚合理，又如受试只来自一所学校，未经随机抽样，代表性差，使结论的推广有一些局限性。

还有一些研究只聚焦于介词的空间义项（即空间介词）的习得情况。Lowie 和 Verspoor 结合认知语言学关于牢固深化以及母语词汇知识在二语词汇习得过程中作用的观点，综合考虑了输入和迁移这两个二语习得中十分重要的因素，考察了英语学习者在习得英语介词的过程中输入频率（考查输入变量）以及结构相似性的作用。75 名母语为荷兰语的英语学习者参加了实验，他们被分成了四组，即初级水平组、中低水平组、中高水平组和高水平组。选取的介词均在二语习得过程中出现比较频繁，这样可以保证在实验过程中，即便是低水平组学习者也熟悉这些介词。另外，研究中相对高频和低频的介词是根据 CELEX 和 COBUILD 语料库中介词出现的频率进行认定的。词频超过 75 000 被视为高频词，词频低于 20 000 被认为是低频词。此外在选取实验中的介词时，研究者还考虑了这些英语介词与荷兰语词汇在结构上是否相似,最终又分别在高频和低频介词中筛选出了结构相似度高和结构相似度低的介词。研究者设计了 25 道介词填空题作为实验工具,收集分析材料后得出如下结论:(1)相似度和频率因素对低水平和中等水平的二语学习者都有影响,但对高水平的学生却没有任何作用。研究者使用了天花板效应来解释后一现象,即高水平学习者已经完全习得掌握了这些介词,因此研究中的变量未对他们产生任何影响。(2)对于词频较低的介词,结构上的相似程度不会对学习者的习得和使用产生影响。研究认为,出现这种情况的原因是,学习者只有在碰到自己不熟悉的介词时,才会向母语寻求帮助。笔者认为,该研究结合了输入和迁移两大二语习得因素对英语中的介词习得情况进行研究,实验工具的选取和设计也比较精巧,得出的结论对于介词教学有所裨益。

在为数不多的英语空间介词习得研究中,Navarroi Ferrando 和 Tricker 颇值得一提。他们以两组母语为西班牙语的英语学习者(中级和高级水平)以及一组英语本族语者(控制组)为研究对象,考察了学习者对英语空间介词 at、on 以及 in 语义网络的习得情况。通过两个实验,他们发现学习者无法自如地使用这些介词的所有义项。比起本族语者,母语为西班牙语的英语学习者在语义相似性判断问题上的一致性较差:尽管他们的语义相似性判断的均值同本族语者差异不大,但是每组学习者中的每个受试的个体差异却十分明显。通过这些证据,研究者认为这些介词的多个义项并没有被母语为西班牙语的英语学习者完全掌握。

马书红以范畴化理论为基础,考察目的语的语内认知因素、语际认知因素和学习者二语水平对英语空间介词语义习得的影响。语内认知因素指的是英语内部各空间范畴之间在语义特征上的区别与联系,而语际认知因素则指英语、汉语在空间范畴化上的异同。受试共 232 人,分为四个组。初级水平组为来自某中学高二的 59 名学生;中级水平组 61 人,高级水平组 54 人,分别是某高校外语学院英语专业大一和大三的本科生;对照组是 58 名英语本族语者。结果表明:(1)目的语内部各空间范畴之间的语义共享以及目的语和母语在空间范畴化上的差异会给学习者带来一定的困难,而且它们的交互作用会大大增加习得难度;(2)当范畴 A 的核心成员与范畴 B 的非核心成员共享某些语义特征时,中国学生往往把范畴 B 的非核心成员错误地归入范畴 A 的核心成员,却很少会把范畴 A 的核心成员错划入范畴 B,这体现了语义成员的典型性因素的作用;(3)

二语学习者的空间语义知识的发展与他们的整体二语能力的提高并不完全同步。

李佳、蔡金亭以原则性多义网络为框架，研究了中国学习者习得四个英语空间介词（above、over、under、below）的情况。有三组受试：国内某大学30名英语专业二年级学生，代表中等水平英语学习者；该大学30名英语专业研究生，代表较高水平英语学习者；英国布拉德福德大学管理学院15名本科学生，代表本族语者。通过对受试的先导研究、自由造句测试、介词填空测试、语义相似性判断测试以及回顾性访谈，发现：（1）前两组受试对上述介词各个义项的心理认知距离与本族语者有显著差异；（2）他们对介词多义网络习得情况不佳，但对它们的核心义项的掌握情况比边缘义项好；（3）他们在使用英语介词的过程中，因英汉概念系统的不同而产生了两类迁移现象。

三、短语动词的习得

较好地掌握短语动词是掌握二语的重要内容，也是难点之一。近年来，研究者注意采用以认知语言学理论为指导的方法设计教学实验，以提高习得短语动词的效果。Klvecscs集中考察了包含up和down的短语动词的习得情况。他选取了母语为匈牙利语的30名中级水平的英语学习者为受试，实验组和控制组各15人，用不同的方法教他们学习20个短语动词。实验组在学习给定的10个短语动词时，了解这些短语动词的认知语言学解释，来提升他们对隐藏在这些短语动词背后的概念隐喻的意识。控制组学习的短语动词相同，但带有母语翻译。在对这些动词的即时后测（填空练习）中，发现实验组的成绩比控制组高近9%。此外，即时后测还包含了10个受试没有学过的up/down类短语动词，此时实验组的成绩竟然比控制组高近25%。这说明，受试能把学到的概念隐喻的知识迁移到新的任务中去。该研究从设计上不太严密，样本太小，也未进行随机抽样，代表性不强，加之未对两组的结果进行显著性检验，因此其结果的普遍性不太强。

Boers在短语动词的实验中利用了很多概念隐喻。实验组和控制组分别为39人和35人，都是母语为法语的英语学习者，他们使用不同的方法学习26个短语动词。实验组学习的短语动词根据各自背后的概念隐喻进行了分类，而且提供了同义词。控制组学习的这些短语动词按照字母顺序排列，并且伴有引自权威语法书的更为充分的解释。即时后测是基于文本的填空练习，测试项目包括 10 个学过和 10 个没学过的短语动词。对于学过的内容，实验组的学习效果显著好于控制组，但对于没学过的内容，两组没有显著差异，说明实验组未能把学过的概念隐喻用到新的学习内容里面。

以上研究说明，让学习者利用概念隐喻学习短语动词，至少有利于短时记忆的保持，但目前还不能准确认定这种优势的具体原因：是比喻性思维、有序组织的词汇比随机排列的词汇更有利于学习，还是概念隐喻真的有助于组织词汇。

四、熟语的习得

熟语是一套特殊的词汇集合，一项独立于任何概念系统而存在，其构成和使用具有较强的系统性。有证据表明，让学习者了解比喻性术语背后隐藏的概念隐喻有助于他们掌握这些术语。Boers 的一项实验考察了 118 名母语为荷兰语的中学生学习 18 个英语熟语的情况。在实验组中（58 人），这些熟语是按照不同的隐喻分类的，例如"愤怒是容器中的热液体""愤怒是火""愤怒的人是危险的动物"等。在控制组中（60 人），熟语是按照功能分类的，分为"描写突然的愤怒""描写愤怒的过程""描写易怒的性格"等。受试有 10 分钟自学和 15 分钟讨论这些熟语的时间，而后接受完形填空测试。结果发现实验组的成绩显著好于控制组。不过研究者也注意到，母语和目的语中类似的概念隐喻在发挥正向迁移作用的同时，有时也会诱使学生在使用熟语时犯一些错误。

李福印提出并通过实验证实了一种系统学习英语隐喻表达、熟语以及谚语的方法——概念隐喻与意象图式法。作者首先通过理论探讨，提出意象图式和概念隐喻有助于隐喻表达、熟语以及谚语的系统学习和记忆，然后通过五组实验（每组实验包括实验组和控制组）对这种方法的有效性和可行性进行了研究。实验包括了学前测试、课堂教学、学后测试、问卷调查以及一周后重测五个步骤，共有两所大学的 400 名大学本科一、二年级学生参加了实验。实验结果显示，概念隐喻与意象图式法非常有效。该研究的样本较大，研究结果可信度较高。该研究也开了我国应用认知语言学研究，特别是用认知语言学理论研究外语教学和学习问题的先河。

还有研究发现，不同文化中类似源域的差异会影响学习者对相关熟语的理解和掌握。Boers 和 Demecheleer 对 78 名中级英语水平的法国大学生进行了一项猜测熟语意义的研究。测试用的 24 个熟语涉及四个源域："帽子""袖子""轮船""食物"。它们的语义透明度不高，在法语中也没有一一对应的表达。研究者要求受试在 20 分钟内在没有任何语境帮助的情况下猜测这些熟语的意义。分析数据后发现，受试猜测源域是"袖子"的熟语时的正确率显著高于猜测源域是"帽子"的熟语，在猜测"食物"类熟语时的表现显著好于源域是"轮船"的熟语。研究者认为，这个发现证明了他们的如下假设：当目的语中源域的突显度比母语中对应源域的突显度高时，学习者较难猜测相关熟语的意义；当目的语中源域的突显度比母语中对应源域的突显度低或相等时，比较容易猜测相关熟语的意义。此后，Boers 等进一步证明了文化变量对理解和记忆二语熟语的影响。其基本发现是，如果英语熟语的源域文化个性太强，对母语是荷兰语的学习者来说很难理解并记忆。

与以上利用熟语背后的概念隐喻的方法不同的是，Boers 在实验中只让受试求助于熟语的词源。研究者让比利时 54 名中高英语水平的大学生（母语为荷兰语）查词典，学习 10 个他们不认识的英语熟语的意义，同时还让实验组（30 人）受试写下他们对每个熟语来源的假设，而让控制组（24 人）设想每个熟语可能用到的场景。在采用填空练习的即时后测中，实验组的成绩显著好于控制组。一周后的延迟后测要求受试解释其中 10 个熟语的意义，仍然得出了相同的结果。

从对前人研究的综述可以看出，目前成果较多的各类多义词、短语动词、熟语研究都聚焦于"意义—意义"的联系，它们通过实证研究方法使学习者认识到语言表达中抽象的边缘义项与核心义项之间的关系，或者通过概念隐喻和意象图式了解词的源域，帮助学习者全面掌握语言表达的各种义项。

笔者根据最新文献，以目前的研究现状为出发点，经过深入思考，对今后认知语言学角度的二语习得研究提出以下建议：

第一，虽然现有的研究结果比较一致地证实了使学习者认识到"意义—意义"的联系有助于他们掌握各种义项，但应该认识到，学习者在执行理解、记忆、运用等任务时，其表现可能存在差异，他们在测试中的表现还会受到测试时机的影响。因此，今后可以比较学习者在执行不同类型的任务时或在不同时间接受测试时的表现。

第二，目前大部分实证研究参加的受试人数较少，有些也未经随机抽样，实验材料中的词汇的数量较少。这些研究发现是否可以推广到其他环境下学习者习得其他语言表达上，还是个问题。因此，今后可以用不同的学习者群体，用不同的实验材料做一些验证性实验，检验前人的发现。

第三，在从以上两方面继续研究"意义—意义"联系的同时，开始考察"形式—形式"联系和"形式—意义"联系，在更广的范围内，进一步探讨不同因素对二语理解、记忆、运用的帮助作用。

第四，把学习者相关变量纳入研究范围。考虑到不同二语水平、学习能力、认知风格等因素的学习者对认知语言学教学实验的接受能力可能会有差别，因此在设计研究时有必要考虑这些因素。

第五，把认知语言学与语言类型学结合起来，考察不同母语背景的学习者习得同一目的语的情况，或者研究相同母语背景的学习者习得不同目的语的情况。这方面的研究把二语习得置于更广阔的理论框架下，便于发现过渡语的个性和普遍性。目前这方面已有少数研究。例如 Seong 分析了及物性参数和突出类型学之间的关系，并使用了母语为德语的韩语学习者的作文语料为佐证。此外还有 Cadierno 对母语为丹麦语的学习者习得西班牙语情况的研究。

第六，在研究方法上，注意与学习者语料库结合起来。最近，束定芳也强调了语料库方法在认知语言学研究中的运用。

第七，认知语言学的理论及应用研究以英语为主，其他语种相对滞后。希望在开展更多以英语为目的语的二语习得研究的同时，教授其他外语的研究者也以认知语言学为框架展开相应语种的二语习得研究。

第三节 认知语言学角度二语习得的认知过程

第二语言习得研究是在儿童母语习得研究的基础上逐渐发展起来的。它与母语习得的不同之处在于，第二语言习得是在已经掌握了母语系统的前提下，且多数情况下又是在脱离目的语社会的环境中进行的。第二语言习得研究始于20世纪60年代。20世纪70年代以来，国外许多语言学家分别从横向角度和纵向角度对克里奥语（克里奥语是已成为某一群体的本族语的混合语，用于该群体部分或全部的日常交际，一般克里奥语的句子结构和词汇量要比混合语复杂得多）、输入与输出、学习策略、课堂教学、普通语法等一一进行研究，并提出各种关于第二语言习得的理论模式。但是，由于种种原因，许多关于第二语言习得的研究都是针对语言分析、社会文化因素、动机效果因素或教学法的，从某种程度上忽视了心理语言学的作用，特别是没有从当代认知心理学所重视的信息处理和认知能力两方面进行研究。我们知道，语言是人类大脑的产物，而语言学是关于大脑的科学，以此类推，对语言的研究应该是一个心理问题的研究。

近年来，随着计算机技术的发展以及神经、认知科学的出现，许多学者已经认识到，第二语言习得研究可以从语言学、社会语言学、神经语言学、心理语言学、病理语言学、认知语言学和信息处理等方面入手。本节从认知心理学角度出发，简单介绍第二语言习得研究所涉及的主要领域，在说明有关理论问题的同时，结合教学实践中收集到的相关资料，着重分析第二语言习得过程中的心理活动和认知规律，并讨论这些理论研究对外语教学和研究的启发作用。

一、认知科学对语言习得的诠释

认知科学是在语言学、心理语言学、认知心理学和人工智能基础上进行研究的一门学科，它首先对思维推理和智能过程进行科学的研究，涉及的方面有知识在大脑里的体现、语言及形象的理解，以及推理、学习、解决问题和计划的心理过程。当代语言学家逐渐认识到，语言分析的目的不只是描写人们的语言行为，而是解释引起语言行为的心理结构和心理过程，揭示语言背后内在的、深层的规律。

Lakoff和Johnson将认知科学分为两大派：第一代认知科学和第二代认知科学。第一代认知科学起源于20世纪40—60年代。这一代认知科学是基于传统的英美分析哲学（形式主义学派和日常语言学派）和先验哲学，接受了其中许多主要观点，如客观主义、形式主义、符号主义、认知主义、二元论、非隐喻性推理等。他们认为范畴、特征、关系等是客观存在的，独立于人的意识，与人的身体经验、神经系统、主观因素无关。他们还将感知与观念分开，认为人类的推理能力独立于感知能力和身体能力，主张推理是一种自治的能力，同时还认为语言是自治的，语法也是自治的，它们都与身体经验无关。第二代认知科学出现于20世纪70年代，以体验哲学为基础，对第一代认知科学提出了尖锐的批评。其主要观点是：概念、范畴、心智来自身体经验，具有体验性；认知具有无意识性；思维具有隐喻性；推理、语言、句法都不是自治的，意义与我们在世界上所发挥的有意义的功能相关，是通过身体和想象力获得的。语言的习得也是在无意识状态下进行的。认知语言学的基本观点与第二代认知科学一致。

认知科学的语言习得观认为，人生来就具有掌握语言的习得机制，其代表人物Chomsky还将语言习得过程简化为以下公式：

语言共核—假设建立机制—评价程序—语言规则

该公式表明，人生来就有一种语言习得机制。语言共核指导假设建立机制，对语言材料进行各种假设和反复的组合，再通过评价程序对语言材料进行归纳，选择合乎规范的语法规则，生成从未接触过的无穷无尽的新句子来理解和表达思想。

Chomsky的天赋假说是对心理学的行为主义和哲学的经验主义的一种反动，并且使得语言学和心理学的关系更加密切。但是，Chomsky的天赋假说夸大了"天赋"在语言习得过程中所起的作用，忽视了人类学习语言的决定性因素。肖辉等人依据辩证唯物主义提出了自己的观点。他们认为，人类学习语言的物质基础是人脑，是大脑皮层的神经细胞作用的结果。大脑和大脑皮层的神经细胞是大自然赐给人类的天赋素质。但如果只有健全的大脑和大脑皮质神经细胞的活动，而缺乏后天的艰苦努力，语言尤其是第二语言是很难习得的。人脑生理机制是学习语言的物质前提，它使得语言习得成为可能。后天的学习才规定着习得语言的现实性，并起着界定性的作用。

二、心理语言学对语言习得研究的影响

心理语言学是语言学和心理学跨学科研究的交叉性学科。心理语言学从心理过程与

语言活动的对应关系方面，研究人类语言机制的结构和功能，属于语言学的分支学科。它运用心理学的理论和方法，通过观察和实验，从感知、认知、联想、记忆和情绪与动机等方面，对语言现象、语言活动、语言行为进行分析研究，从而探索人们是如何学习和运用语言、如何运用语言进行思维和表达思想的。心理语言学作为一门新兴学科自20世纪50年代诞生以来，一直研究的是3个不尽相同的问题：（1）人们如何运用他们的语言知识，如何弄懂他们所听到或读到的信息？（2）人们如何生产出他人作为接受者所能理解的信息？（3）语言在思维中如何表现？在其发展过程中是怎样习得的？研究语言的产生和理解属于"实验心理语言学"领域，研究语言习得则属于另一个领域，叫作"发展心理语言学"。发展心理语言学研究语言的习得，这既包括母语习得也包括第二语言习得。它的研究方法既包括观察法（尤其是使用纵向素材分析法）又包括实验法。其目的就是在学习者知识处于初始状态的基础上对自然语言技能的习得做出解释，并对输入的本质以及学习者的归纳能力做出说明。

虽然Chomsky的某些理论思想越来越受到语言学界内人士的质疑，但是在发展心理语言学中，Chomsky的学说对于语言习得的研究始终有着极大的影响。语言习得机制、普通语法和评价程序等概念被广泛用来解释语言习得，尤其是强调以认知为基础来解释语言习得。Chomsky把语言学看成是认知心理学的一个分支。从这一点可以看出，Chomsky的语言学理论思想，其中包括语言习得理论都是建立在认知科学和心理学理论基础之上的。

三、二语习得过程的认知心理分析

1.语言认知过程

心理语言学中运用认知理论对人的语言运用和学习的过程进行分析，从而获得人们在语言习得过程中的心理活动和认知规律。这种分析方法也可以延伸到第二语言习得的分析中来。但是，第二语言习得与母语习得的最大区别是，它建立在学生已经掌握了母语系统的基础上，这是一个不可忽视的重要因素。在第二语言习得过程中，最基本的途径就是对语言输入的理解，"可理解的语言输入"是语言习得的必要条件。学习者接触到可理解的语言输入材料后，首先引起大脑的注意。此时，外部和内部的因素都会对注意产生影响。Skehan认为，一种形式越是频繁出现，越可能受到注意。学习者通过对可理解性语言材料的处理，产生一种语际语，并在最后形成第二语目的表达，这就是语目输出。在输入和输出之间，大脑所进行的活动涉及注意、记忆、思维、分析、迁移和语际语的形成等。从认知心理学角度分析第二语言的习得过程，对于进一步揭示外语学习过程的一般现象和规律、提高外语教学水平具有较大的指导意义。

2.语言理解过程

语言理解指的是语言使用者理解并解释口头或书面语言的过程。在理解的一个层次上，一个语言使用者首先识别某一句子中的各个词，然后把词的意义恰当地结合起来。理解是一个使用人类信息处理系统的认知过程。有关人类记忆力和信息处理的广泛确认的事实之一就是，仅有数量有限的信息可以在某一特定时间内被注意到。这种信息在"有效记忆"中是可以被立即提取的。

不在有效记忆中的信息，当需要时，必须进行检索，但检索经常花费大量的时间，并且消耗有限的处理资源。真正地理解语言还需利用在知觉中形成的语言表象进行不同层次的处理才能获得，如识别语言信息的组成单位（语音、信号、符号等），从记忆中恢复词的词汇表征，以及句子理解层级和话语理解等等。在句子层级上进行处理的语言理解，受到结构、功能、加工等因素的影响。这个解码的过程，也就是通过句法和语义处理发现句子深层结构，从字符或声音中提取意义的过程。在话语层级上进行处理的语言理解应注意话语的建构要前后连贯。大量的研究结果表明，话语有着丰富的局部结构。理解者只有注意到话语的宏观结构，才有可能更好地完成对话语的理解，从而把相关信息保存在有效记忆中。

总之，成功的语言理解包含多种组成部分，它要求理解者抽取语言输入的语信，进而能在恰当的语境中揭示语信，并建立话语模型。

3.语言记忆过程

第二语言习得过程的认知心理分析所涉及的另一个层面是语言记忆过程。记忆指短期或长期储存信息的心智能量，通常分为两类：短期记忆和长期记忆。短期记忆是指将所接受的信息暂时储存的那部分记忆，在这同时对信息进行分析、理解，等到语句中的信息或内容被理解了，这些资料就成为永久性记忆或长期记忆，而语句本身则再无用处，可能会逐渐从短期记忆中消失。长期记忆是指将信息较长期地储存下来的那部分记忆。长期记忆中的信息，其储存的形式可能异于其原先接受时的形式。例如当某人听到"The car the doctor parked by the side of the road was struck by a passing bus."这句话时，他很有可能会立即准确地把它复述出来，这时他用的是短时记忆。几天后他试图回忆这个句子的时候，就会利用长期记忆中形式不同于原信息的内容，并说出句子"The doctor's car was hit by a bus."这样的句子。对于二语习得者来说，假如没有发音动作的运动记忆，没有语法规则的逻辑记忆，没有词、句、篇等语言材料的形象记忆，也就不可能理解言语的意义，也就不存在对话语语义解释的逻辑记忆。依照信息加工观点，输入、储存、输出是记忆语言材料过程中的重要环节，同时也是影响语言材料记忆效果的重要因素。

四、句子的记忆轨迹及实证

　　句子是最大的语法结构单位。一般来说，句子有两类表征，即逐步逐句表征（表层形式）和命题表征（意义）。人们在理解句子的同时建立起深层的命题和命题网络。命题是指一个句子所表达的基本意义。一个句子可以明示或暗示不止一个命题。

　　人们最初接触一个新句子时，取其意义并建立表征该意义的命题。与此同时，句子的表层形式被保留在工作记忆中。许多专家学者经过反复实验证明，在句子的保持中，意义占主要地位。由此可见，对句子的记忆，如果只重视表层形式，而忽略了命题表征的意义，就不能迅速理解连贯的话语，也不能自由地准确表达思想。这就是为什么有些外语学习者只能熟练地背诵课文，却不能达到交际的目的。

　　有研究者在所在高校随机抽出英语专业一年级上半学期和下半学期各 50 名学生，进行了 3 次句子记忆实验，结果基本一致。具体做法是：测试人在高级语音室（耳机的清晰度基本相同）向 50 名被试者播放 5 篇短小精悍的英语故事，每个故事有一个关键句。在试听完完整故事中的每一句话之后，测试人将测试句显示在屏幕上，并要求被试者判断该句的信息是否在所有方面都和所听故事中的某句话完全相同。测试句是根据关键句派生出来的。当然，被试者事先并不知道哪句话是故事中的关键句。测试句可以马上出现在屏幕上，也可以相隔 5 至 10 分钟或更长时间后出现，可以与关键句完全相同，也可以利用被动语态、定语从句等不会引起语义变化的句法规则与关键句相关，也可以通过主语和宾语的互换与关键句相关……这种互换引起了句子意义上的显著变化。比如，这项实验中有一段讲述的是贝多芬为盲女弹奏的故事，其关键句是：

A. Beethoven, the great German composer, played the music for the blind woman.

本次实验的测试句为：

B. The music was played for the blind woman by Beethoven, the great German composer.

C. The great German composer who played the music for the blind woman was Beethoven.

D. The blind woman played the music for Beethoven, the great German composer.

被试者分为甲、乙两组。甲组被试者听完故事后，测试人马上给出测试句。乙组被试者听完故事后，做两篇阅读理解练习，30分钟后测试人再将刚才听过的故事测试句显示在屏幕上。实验结果表明，99%的甲组被试者能识别出句法和语义的任何变化，95%的乙组被试者对B或C的反应和对关键句A的反应几乎相同，认为在故事中听到过同样的句子。也就是说，间隔30分钟后，绝大多数的乙组被试者已经不能分辨没有引起意义变化的句法变化了。对于D，甲、乙两组被试的反应都很敏锐，无论是马上还是间隔一段时间，仍能几乎是百分之百准确地发现其语义的变化。这一实验结果验证了胡壮麟的观点：语言材料的句法细节通常不会长时间储存，正常情况下储存在被试记忆中的是句子的意义表达式。

五、二语习得过程分析对外语教学的启示

综上所述，研究和分析学生在第二语言习得过程中的心理特点和认知规律，可以帮助我们更深刻地认识外语教学的性质。行为主义心理学认为，人类的行为可用刺激和反应之间的、可学得的联系去解释。言语只有物理形式，没有心理内容。事实证明，人类学习语言的过程不同于学习滑冰、跳舞等肢体运动的过程，因为这两种认知活动所涉及的大脑部位不同，其性质也有很大的差异。吴潜龙认为，学一种第二语言是要通过意义

分析来掌握目的语的结构,然后把它们转化成自己的内在语言能力。

另外,在第二语言习得的环境中,学习者广泛地依靠已经掌握的母语,并经常把母语中的语言形式、意义和与母语相联系的文化迁移到第二语言习得中去。由此可见,在外语教学中,不能全盘否定母语的作用,而应该积极利用母语对外语教学的正面影响,努力克服其负面影响。

再者,由于语言材料的句法细节不可能或很难长时间储存在学习者的大脑中,因此,教师应该引导学生在充分理解的基础上记忆句子的意义,不能只记句子的表层形式。根据这一原则,教师可以在教学中多采用复述、简述、改编等表达形式检查学生的语言学习情况,单纯背诵对学习一门外语很有必要,但并不是唯一的或最佳的手段。

最后,教师要让学生充分利用外部储存。根据一些心理学的研究,在短时记忆中,前面的语料会干扰后面的,而后面的语料也会干扰前面的。因此,外语学习者可开发自己的速记系统,从而发挥外部储存的最大作用。

总之,第二语言习得是一个极为复杂的特殊认知过程。学习掌握语言和运用语言的能力都是通过学习过程习得的。因此,外语教师必须从认知心理学角度深入研究外语教学,以便进一步提高外语教学水平。

认知语言学视角下的二语习得观为人们展现了对于语言更为丰富和深刻的认识:人类语言能力和其他认知能力是相通的;语言的形式与形式、意义与意义、形式与意义之间是紧密联系的,该联系是以人类的一般认知过程和体验为基础的;二语习得研究要充分考虑语言和人类经验世界的联系、学习者的语言意识以及目标语与母语的关系对学习者二语习得机制的影响,以解释传统语言学理论所不能解决的语言发展的动态性。

21世纪以来,随着认知语言学核心概念在国内外二语习得领域的应用实例越来越多,两大领域的成果相互联系、相互影响、相互映现,相关研究范式也不断获得规则制约下人类思维和行为普适性及特异性等丰富数据的支持和检验,应用领域日益扩大。在此背景下,对国际和国内已取得的成绩进行系统梳理,对于了解该学科的研究进展、明确今后的研究目标、把握未来的发展走向无疑具有重要的现实意义。

第六章 认知语言学视域下二语词汇习得

词汇习得研究曾一度高涨，后来又日渐受到冷落。20 世纪 80 年代之后，伴随研究的推进，越来越多的研究者意识到词汇知识对语言能力发展的重要性：Gass 和 Selinker 指出，语言的学习和技能的提高几乎都以词汇这一元素为基础，语言习得很大程度上都可以归结为词汇习得；Verhallen 和 Schoonen 也认为习得足够多的词汇是语言问题的核心，他们甚至提出句法发展可以约化成词汇学习的问题，因为看似是句法学习的过程实际上是学习词项能进入的结构框架。1984 年，中介语研讨会在英国爱丁堡的成功举办及其之后论文集《中介语》的出版，极大地促进了词汇习得研究的纵深发展，使之渐渐成为二语习得研究中最热点的下属领域之一。21 世纪以来，伴随国内外理论探讨和实证研究的活跃，二语词汇习得的研究重点"从词汇广度发展到认知层面的词汇深度及词汇综合能力，呈现出多层面、多学科交叉的特点"。

第一节 二语词汇习得的现状及分析

词汇习得研究越来越受到重视是有其理论与社会发展原因的。对此，骆涵在对二语词汇习得研究状况进行综述时曾进行过如下剖析。

从理论角度来说，词汇研究占据了各大学派的重要位置。以 Chomsky 的理论发展为例，从最初理论框架中的以句法为重心，到最简方案中作为词库重要组成部分的参数，语言习得很大程度上可以归结为词汇习得。Cook 和 Newson 也注意到了 Chomsky 理论发展的这一趋势，指出"以前 Chomsky 理论框架所认为的句法层面的许多语言侧面如今都被处理为词汇层面。随着许多规则的删减，句法本身被简化了，而这是以增加词库信息为代价的"。

从语言习得和语言教学的角度而言，词汇始终是第二语言的基础。对学习者大量的错误语料进行分析显示，词汇错误是二语学习中最为普遍的问题：一方面，词汇量偏小直接影响第二语言听、说、读、写、译等各方面的能力；另一方面，与语法错误相比，词汇错误会直接导致误解，妨碍交流，对学习者语言能力的制约更加显著。

认知语言学从其理论构建之初就立场鲜明地反对将词汇和句法完全割裂开来的观点，提出词汇、形态学和句法之间并无本质区别，而是一个连续统，都是语言学研究的核心。词汇习得研究既要关注词汇能力的发展，又要关注词汇在具体语境下的使用。

一、词汇能力

Richard 最早在八大假设的基础上提出词汇能力的概念，此后词汇学习曾一度被简单地理解为掌握词汇的词义和发音。由此引起的弊病就是教学过程中教师将词汇与语境脱离开来，要求学生对词汇进行死记硬背，学生虽然掌握了足够的词汇，却难以应对实际交际过程中的表达需要。Nation 将词汇能力表达为八个方面：口头形式、书面形式、含义、联想、语法功能、搭配、语域、频度，并概括了词汇能力需要满足的四个维度：形式（口头的和书面的）、位置（语法框架和搭配行为）、功能（频率和语体、语域限制）、意义（概念意义和词的搭配），明确词汇能力不仅包括词语的形式、意义和语法特征，还与词汇之间的搭配、联想、词汇提取速度和产出的多样化等多方面的知识相关。

词汇能力的测量是多维的，但使用哪几个维度才能准确表征词汇能力呢？学界在这一问题上的看法并不一致。在实际研究中，学者倾向于将词汇能力与词汇知识交互使用。也有研究者发现词汇的易触发程度与词汇的熟练度有关：词汇在实际交际中的使用频率越高，就越容易提取。直到 Nation、Schmitt 和 Clapham 推出词汇等级频率，才使词汇能力测量有了可以依据的量表。

为测试学习者的词汇能力，研究者设计了多种不同的测试模板，如 Meara 和 Fitzpatrick 的 Lex30 词汇联想和 Henriksen 的词汇知识联结度。前者关注学习者二语词汇的广度知识（即词汇量），后者则将词汇知识深度的重要表征归结为与词汇相联系的语义网络，提出使用词汇联想测试可以探测学习者词汇网络联结的方式，并进一步了解其词汇知识深度的掌握程度。因此，学习者的词汇能力就获得了两个维度的表征：词汇广度和词汇深度。

二、何谓习得了词汇

词汇习得肇始于语言学习者所接触到的由声音和字母组合形式所呈现出来的相关词汇的表层信息（口头或者书面），即言语输入，后经一系列感性认识、理性推理和系统综合，加深对词汇相关维度的积累。然而，在界定学习者如何才能称为习得了一个词这一问题上，学界存在不同的意见。Brown 和 Perry 认为最简单、最狭义的定义是能够认出或回忆起一个单词或它的意思。Nation 认为掌握一个单词就是掌握了该单词的形式、位置、功能和意义四个维度的完备的知识。Laufer、Palmberg 将词汇知识描述成一条线状连续统，连续统的"一端是十足的生词"，"另一端则是自动生成和使用该词的能力"。上面的各观点代表对一个词的知识掌握和使用。由于词汇系统的庞大性和语言系统的开放性，任何一个学习者都不可能掌握一门语言中的全部词汇，在实际研究中，学界倾向于把词汇抽象概念化为词汇知识，并将之作为一个连续统加以考察。因此，对于一个词语的习得就包含了多种层次的知识，学习者从完全缺乏该词的知识到掌握该词的详细知识、来源以及使用它的语境，呈现出一个有级差的、逐渐过渡的过程。

纵观现有文献，对于何谓"习得了词汇"主要存在两类观点。持"词汇连续统观"的学者，如 Palmberg、Henriksen，将"认识一个词"看成是一系列知识组成的连续统，连续统的一端是"不认识"，另一端是"认识"，而从"不认识"到"认识"代表着词汇是否在语义记忆中建立以及词汇知识是否已牢固掌握。持"词汇成分分类法观"的学者，如 Nation，坚持应按照词汇知识的构成成分对词汇进行分类描述，以此理出词汇全部知识和用法的不同方面。由于词汇知识伴随习得程度的发展而逐渐变化，人们实际研究中所调查到的词汇知识并非学习者词汇习得的全貌,只是词汇习得过程中某一特定阶段词汇知识的反映。因此,词汇广度和词汇深度作为测量词汇习得效果的两种方法,在二语词汇研究中获得广泛应用。

(一) 词汇知识广度测量

词汇知识广度,也被通俗地称为词汇宽度或词汇量,用以指语言使用者所掌握的词汇总量。应该认识到,单纯、有意识的单词识记在二语学习的初级阶段是必要的,因为可识别词汇知识的多少是学习者阅读、听力、表达等能力发展的基础。

当前所使用的词汇广度测量主要基于词汇表选样设计,常用的有词频法、词典法、词频和词典结合法、教学大纲等,即通过测试学习者的消极词汇或接受性词汇量的大小进而对学习者词汇掌握的广度进行预测统计。当前,国外有关二语词汇习得广度的研究已经取得令人瞩目的成果,其中尤以 Paribakht 和 Wesche 的词汇知识量表使用最为广泛。该量表将词汇习得程度划分为 5 个等级,为词汇习得测量提供了可操作性标准。

(1) 对这个词不熟悉;
(2) 对这个词熟悉但不知道其意义;
(3) 能给出这个词相对应的翻译;
(4) 可以在一个句子中适当地使用这个词;
(5) 无论从语义上还是从句法上都能使用这个词。

那么,二语学习者最低应该拥有多少词汇量呢?对此,学界意见并不一致。Laufer 提出 5000 词汇是保证二语学习者顺利阅读所需的词汇量下限,低于此下限,学习者的阅读速度和效果会受到极大影响。Schmitteta 则认为尽管词汇量太小会极大地限制学习者的听、说、读、写能力,但在阅读过程中不存在词汇量上的门槛效应,其对 661 名来自 8 种不同母语背景的二语学习者阅读能力的考察发现,词汇量与阅读理解之间呈线性关系。王宗炎基于对中国英语学习者二语习得状况与词汇广度的研究指出,初级学习者应掌握 3000~4000 的英语活用型词汇,中等语言水平学习者的词汇量应为 5000~10000。

毋庸置疑,词汇广度知识的增加对于语言能力具有促进作用,但如果缺乏与词汇相关的语境、搭配及词与词之间的关系,很难构建一种存在于心理表征和语言表达之间的语义网络。吕长斌开展的一项词汇量、语言综合能力和词汇深度知识关系研究的数据表明，词汇量仅能预测语言综合能力的34.7%。显然，量的积累不是词汇习得的终极目标，二语水平的发展还需要词汇习得质的突破。为此，很多学者提出词汇知识深度的概念。

（二）词汇知识深度测量

早在1972年，Craik和Lockhart就提出词汇深度加工假设，强调简单的词形和词义识记不足以进行以语境为线索的语义加工，提出学习者识记某词汇信息时，应尽可能地从高度语境化的语言输入中整合与之有关的语义、句法、形态信息，构建词汇和概念之间的多层次连接，对词汇知识进行充实。近年来，学界对词汇深度知识的探讨日益增多。Meara指出只有当词汇知识与已有知识建立起某种联系时，该词汇方能视为已知词，而联系的丰富度则很大程度上决定了词汇被习得的程度。Henriksen、Fitzpatrick等分别将意义、拼写、语法功能、词频、搭配、语域和风格等列入词汇知识深度考察的范围。

总体来看，学者们认为词汇知识深度既与词汇知识广度紧密相连，又涉及词汇的网络构建能力。因此，所谓词汇知识深度是指与词汇相联结的词形与词义所构成的词库网络组织模式。关于词汇深度知识的研究也主要围绕与阅读、写作、词汇联想等相关的活动开展。De Bot等的词汇加工模式认为基本词汇知识包括三个层面：概念层面、标义词位层面和形式层面，即形式层面的语音和词形信息匹配，激活相应的标义词位，标义词位中的语义信息进一步将概念层面激活并从中找到一个与之匹配的概念。于翠红与蔡金亭对词汇和语义相关纵聚合、横组合及与百科知识相关的方面进行检测，获得了中国大学生英语词汇心理表征与组织模式的很多信息。

词汇知识深度测量量表的提出，为人们衡量学习者在词汇质的方面有何发展提供了依据。随着越来越多的研究者将学习者的词汇网络联结方式纳入词汇习得和词汇能力发展范畴，其相关成果对二语教学实践的指导意义愈加显著。

（三）对当前词汇教学广度、深度的思考

长期以来，课堂是我国二语学习者词汇习得的主阵地，衡量词汇学习成果的重要指标是词汇量，即学习者能够记住并认出或回忆起意思来的单词数量。教师的课堂讲解和学习者的单词表背诵有利于词汇广度的发展。但针对中国英语学习者进行的词汇知识能

力研究发现,与学习者接受性词汇知识发展相比,其产出性词汇知识发展明显迟缓。显然,这与二语词汇知识在输入数量和范围上有较大局限以及学习者产出机会缺乏有关,说明教师一味强调词汇量,却未能帮助学习者建立各类词汇知识之间的深层次关系,从而导致其词汇广度、深度发展失衡。

第二节 意识习得与学习者因素

一、有意识习得和无意识习得

词汇习得是有意识的还是无意识的?一直以来,有关词汇的研究是基于学习者有意识地学习而进行的,尤其对于大多数情况下缺乏丰富语境的二语学习来说,教师的课堂词汇讲解和学生的课下词汇背诵是学习者二语词汇习得的主要形式。基于二语学习者的词汇习得策略及母语词汇概念系统的使用程度,人们发现只有当"课堂环境里的词汇输入方式、时机、种类、数量、频率、顺序等与二语学习者的接收方式、程度、心理反应等因素"顺利接口,才能产生最佳的习得效果。

1999年语言学主流期刊《二语习得研究》第一次刊发了伴随性词汇习得研究的相关内容,随后大量伴随性词汇习得研究逐渐涌现。其实,"伴随性词汇习得"这一术语最早是由Nagy、Heman和Anderson提出来的,指学习者在理解其他语言内容而非记忆词汇时所发生的伴随性词汇习得。Laufer认为伴随性词汇习得是相对于背诵词汇表或者做单词练习等有意识的词汇学习而言。伴随性习得词汇时,学习者的注意力并非在背记单词上,而是从事其他学习任务(如阅读、听歌),即词汇习得是语言活动的副产品,而不是目标。这与Nation所提的直接学习和间接学习有共同之处:直接学习指将注意力集中在词汇上的学习,间接学习则指注意力集中在言语传递信息上的词汇学习。

根据Krashen的语言输入假设,在自然语言环境中,学习者的语言能力可以通过大量接触语言材料而自然习得，但该种情况下的伴随性习得是有条件的限量习得，即以学习者已经拥有一定的词汇量为前提。周卫京指出，当学习者的词汇量在 5000 词左右时，基于阅读任务的有意或无意词汇习得都是可行的，甚至有可能是高效的；但当学习者的词汇量低于 2000 词时，明确的词汇教学可能效果更佳。

词汇的储存和提取受记忆过程的影响：词汇学习者获得的新信息首先能在其感觉记忆中保存 0.5～1 秒，其中部分有针对性、目的性的词汇信息进入短时记忆，一般不超过 20 分钟就面临被遗忘，但一旦经进一步加工成为心理词汇，便可以被长时间甚至永久保存。因此，Van Patten 强调词汇习得的目标应该是建立所有词汇的概念网络，在学习者掌握了一定数量的词后，就需要特别注意词汇之间的联系。只有全面把握词汇及各义项之间的联系和词汇知识，才能真正提升词汇能力。

二、学习者内部因素与外部因素对词汇习得的影响

当前，针对学习者内部因素的研究主要围绕语言输入和教学技巧开展。相关研究以 Laufer 和 Hulstijn 的投入量假设为指导，针对目标词的特点、出现的频率和呈现方式、出现的次序与输入材料的主题熟悉度及其他有利于提高学习者投入度或参与度的学习任务等考察词汇习得的绩效。研究证实，较高的任务投入量对词汇初始习得和延时记忆具有促进作用。投入量假设与 Ellis 提出的学习者遵循从"高频词—低频词"的词汇习得顺序相吻合。除此之外，二语习得者并非对遇到的任何新词都能加以习得，目标词复现率对词汇知识发展有显著影响。针对学习者内部因素的研究重点关注与学习者自身相关的因素，例如考察学习者的母语背景、习得年龄、语言学能、学习动机等因素在何种程度上促进或抑制了学习者的二语词汇习得绩效。对于二语学习者为成人的情况，研究者考虑其二语习得往往带着一定的动机与目的，针对他们进行的词汇习得研究主要围绕与个体差异相关的词汇习得策略、动机及情感因素展开。

近年来，研究者开始认识到词汇学习必须融合显性的、具有新颖"输入"特征的因素以引起学习者注意，探讨如何对语言输入进行调整、强化以更好地适应学习者的习得特点和心理特征的研究渐渐增多，为揭示影响词汇习得的潜在内因提供了崭新的视角。

第三节 二语学习者的词汇组织模式

掌握一个词语远非认识或回忆起一个单词,更重要的是语言使用者知道它如何同其他词汇发生联系。要反映某一词汇在意义上与其他词汇的差异和相似,词库网络构建尤为关键。语言使用者之所以能在瞬间检索到自己需要的那个词,说明词汇在大脑中的存储不是杂乱无章的,而是遵循着一定规律。然而,由于大脑语言系统的不可视性,长期以来,人们对于词汇如何在大脑中组合和联结,又是如何发展变化始终存在争议。

20世纪80年代,Aitchison《思维中的词:心理词汇介绍》以及都柏林圣三一学院的一系列现代语言研究项目成果的相继出版,极大地推动了国内外对心理词汇加工的研究。Morton的词汇发生模型、Marslen-Wilson的群集模型以及Collins和Loftus的激活扩散模型等理论模型的提出,为学界开展针对思维和词汇关系的研究提供了框架指导。2006年,John Benjamins创办专刊《心理词汇》,推出了很多涉及母语、二语甚至多语词汇激活与连接问题的研究成果。

"心理词库"一词源自心理语言学,是Treisman提出的一个假设,用以指大脑中对词汇知识的长久记忆。语言使用者能在瞬间从数以万计的心理词汇中检索到自己需要的那个词,显示词汇信息并非杂乱无章地堆积在一起,而是相互之间存在各种联系。因此,对心理词汇进行研究有助于发掘与学习者词汇习得密切相关的内隐性特征。广为使用的方法是词汇联想测试,其理据是二语心理词汇网络理论,即学习者在没有经过深思熟虑的情况下自动产出的反应词中往往反映了心理词库中与刺激词联系最为紧密的词汇。通过分析反应词,可以获得关于心理词汇量及其词汇组织模式的若干信息,并据此推测词汇知识在学习者大脑的表征以及词与词之间的联结方式。

于翠红与蔡金亭利用Schmitt和Clapham的词汇水平测试,从国内某高校英语专业二年级两个平行班选择58名有较高英语水平的学习者为研究对象,借助心理词汇测试卷和词汇知识深度测试卷,对学习者心理词汇组织模式、词汇知识深度以及词汇综合能力之间的关系进行考查,获得以下发现。

语义联结是二语心理词汇的主要联结方式,且在纵聚合反应方面相差不大。对低频联想词产出较高和较低的两组测试者所产出的词汇与反应词之间的关系进行对比分析发现，前者在上下义、并列、喻义等横组合方面高于后者，但后者在同义、反义等纵聚合反应方面高于前者。由于横组合知识的丰富程度可以视为心理词库成熟与否的标志，研究肯定了"随着学习者二语水平的提高，其词汇组织模式呈现以纵聚合为主向横组合发展的态势"这一观点。尽管两组产出的联想词都携带母语影响的痕迹，但低频联想词产出较高的一组更多地基于百科知识产出词汇，表明其在词汇语义抽象程度和文化内涵方面的发展更优。

通过比较两个组别的心理词汇网络联结方式，可以发现心理词汇量较大的学习者所掌握的词汇获得更为通达的语义和句法联结。学习者词汇知识的存储状态与习得程度的关系可以概述为：当语义成为心理词汇组织的重要联结方式后，学习者的横组合知识和百科知识发展更优，此时他们便能更加灵活地扩展词汇的搭配形式，进而将之当作语块加以使用，此时获得更加合理、稳健的词汇组织模式；反之，则在词汇网络联系上较为脆弱，从而阻碍其词汇的快速提取及正确使用。

对学习者词汇知识广度、心理词汇量及词汇知识深度三者之间的关系进行研究，发现心理词汇量与词汇知识深度的联系比与词汇知识广度的联系更加密切。究其原因，词汇知识深度与词汇语义网络的发展相辅相成。张萍通过对中国学习者英语词汇联想测试中产出词的语义关系、词源信息、词汇概念联想释义、语音导向下的音形义三维释义等关系进行探讨，也发现优化的心理词汇模式构建会加速学习者词汇知识的内化和提取，使词汇知识深度的发展趋于合理。此外，学习者词汇知识深度的提高有利于其词汇能力及二语综合水平的稳定发展。因为横组合知识和百科知识有助于学习者将词汇语义、句法、形态等方面的信息整合入心理词条，使之成为词汇能力的一部分，促进学习者综合语言能力的提高。

可见，外语概念系统及语义网络的合理构建，有助于完善心理词汇均衡发展的组织模式，实现词汇提取和使用的自动化，提高特定语境下词义的自主提取和搭配速度。词汇知识深度的发展水平对于整体二语语言能力的发展也具有很强的预测力。

由于二语习得过程中真实语境化语言输入的匮乏，二语学习者与英语母语者在词汇知识广度上存在差距，更重要的差距体现在词汇组织模式上。究其原因，词汇知识广度上的差异可以通过有目的、循序渐进的词汇识记得以弥合，但二语心理词库重组却不会像母语那样自然发生。因此，学习者和教师更应当立足于深化词汇知识、优化词汇组织模式，以寻求克服词汇减损机制的习得策略。

对于学习者而言，应努力改变单个单词的习得、词族的罗列拓展及以母语为媒介的词表记忆现状，从提高语义联结数量及强度、促进横组合联结入手，最大限度地建立二语概念系统及语义网络，如灵活运用思维导图丰富二语概念系统及语义网络，或通过向词条内增加二语语义信息加强词块学习，提高语义联结数量及强度、促进横组合联结。

对于教师而言，应充分认识词以义聚的认知原则和词汇策略引导的有效性，通过为学习者提供充分的词汇搭配、语块、类联结等方面的信息，丰富词汇和概念间的多层次联结。同时，教师应尽可能地为学习者创造二语体验学习的环境，从二语词汇的广度发展到心理词汇习得的深度构建，帮助学习者形成均衡发展的心理词汇组织模式。

心理词汇及其组织模式为"词汇是否习得了"这一问题提供了答案：词汇网络联结的丰富度决定词汇被习得的程度，联结越多，习得程度越深。由于学习者心理词汇量与联结词形与词义的词库网络组织模式密切相关，心理词汇量对词汇知识内化和提取具有重要影响，心理词汇量大小也必然会在一定程度上阻遏或促进学习者词汇运用能力的发展。

第四节 认知视角下的二语词汇习得

传统语言学主要从历时的角度考察词义的外延及变化；结构语言学关注词与词之间的共时意义关系，如同义/反义。认知语言学认为词汇始源于人类对自身和空间（包括身体部位、空间关系、力量运动）的理解，然后通过丰富的想象力，运用隐喻等认知策略扩展开来，逐步形成了人类的概念系统。可见，对于词汇，认知语言学不仅关注其作为一种语法单位所具有的特征，更注重人们对其认知时所使用的方式及过程。而认知语言学视角下的二语词汇习得也不仅仅是词形、词义的识记，也有由若干子阶段衔接的一种复杂认知技能的习得，其整个过程不是一成不变的，而是循环、动态的。因此，将认知语言学的相关理论与词汇习得研究相结合，不仅可以验证已有词汇习得方面的理论，从认知主、客体两大方面考察词汇习得机制的认知语言学研究路径，还有助于人们更清晰地审视二语习得的本质，促进二语教学和研究获得长足发展。

一、二语词汇习得的范畴化研究

语言是在人类与客观世界互动的过程中产生的，语言的概念和结构离不开人类具体的体验感知。当人们面对经验世界时，对于活跃于其中的千姿百态的事物并非逐个进行认知，而是按照事物的共性特征或规律进行分类，分类的结果即是范畴化。语言习得过程是对范畴必要特征进行逐步认知、掌握的过程，最先被掌握那部分属于原型范畴。以此为出发点，学习者根据相似性向上或向下扩展、调整，形成上、下位范畴，并通过隐喻认知模型发展出抽象范畴。范畴化理论视角下的词汇学习不再是以单个词汇为单位，而是呈现为从中心范畴开始逐渐向语言边缘特征扩展的层级结构，而对其中语言节点关系的分布式认知和全局匹配特征进行梳理，无疑对揭示二语词汇习得的内部动因具有很大的启发意义。

认知语言学是以意义为中心的，因此对意义习得的研究是认知语言学视角下词汇习得研究最核心的部分。语言词语所表达的意义是什么？人们如何在语境中使用这些意义？对这些问题的回答包含于人们对周围真实世界的感知和范畴化中。因为范畴化是人类认识世界的一种高级认知活动，使人们能从千差万别的万事万物中看到其相似的性质、形状、功能等各方面的属性，进而将可分辨的相异事物处理为相同的类别。Wittgenstein 用"家族相似性"对这种相似性的认知处理模式进行命名，同时强调并不是具有共同的特性才被归为同一范畴，只要成员之间存在某种相似性，且范畴之间没有明显的边缘界限，就可以将之归为同一范畴。

（一）词义的相似与差异

Wittgenstein 的家族相似性范围是可伸缩变化的，即任何一组意义相同或相近的词汇，只要它们在语义上存在一个共同的意义核心，就可以将之按照意义、性质、特征、类别等方面的相近关系联系起来。家族相似性为语言系统中词汇在语义上的关系及词与词的搭配同现关系研究提供了理论框架，也为探讨语义的切分和聚合提供了理论依据。

语义聚合指一组词汇以某意义为中心形成特定语义场的现象；语义切分指对相同或相近的词汇语义进行具体切分，通过切分可以分辨出词汇个体中外延更小、内涵更丰富的语义。如"walk"拥有的语义聚合功能，可以将一系列与"行走"有关的词汇（"totter""sidle""limp""hobble""shuffle""stride""tiptoe""tread""thread""sashay"等）组合为一个语义场。而通过对这组词进行细化语义切分，能让人们更好地欣赏到 Alice Walker 和 George Orwell 文学作品中用词的形象和生动。

一词多义现象一直是困扰学习者二语词汇习得的一个重要问题。Boers 曾先后设计三个实验针对一词多义现象进行探讨。其中一个围绕法国大学中具有中级英语水平的商业和经济专业的二语学习者习得"经济形势升降变化"的词汇（如"soar""skyrocket""plunge""dive"）开展，通过将被试进行实验组（指导被试关注材料中所使用动词的原型义项）和控制组（指导被试注意材料中动词表示的速度变化）的划分，进行即时后测。对两组被试描写经济形势变化的"看图作文"中使用动词的数量和类别进行分析，Boers 发现，实验组使用的动词更为丰富，说明让学习者意识到动词的原型义项有助于帮助他们建立原型与其他边缘义项，如比喻义项的关联。Verspoor 和 Lowie 对 78 名荷兰学生习得 18 个多义动词（基本义项、比喻义项、更抽象的比喻义项）的研究也表明，原型义项比边缘义项更能帮助学习者猜测到其不熟悉的多义词的比喻义项。马书红从语内认知因素（英语内部各空间范畴之间在语义特征上的区别与联系）、语际认知因素（英汉语在空间范畴化上的异同）和学习者二语水平（初级、中级和高级）三个因素对某一学校英语专业大一和大三学习者英语空间介词语义习得情况进行研究，发现英语内部各空间范畴之间的语义共享以及汉英两种语言在空间范畴化上的差异会抑制学习者的介词习得；当范畴核心成员与非核心成员共享语义特征时，他们倾向于将非核心成员错误地归到核心成员范畴，却很少出现将核心成员归入非核心范畴的情况；整体二语能力的提高会促进空间语义知识的发展，但二者并不完全同步。

（二）二语词汇习得的原型和边缘

人们对客观世界中事物的认识是由低到高不断发展的，词汇习得也遵循由简到繁的渐进过程。但什么类型的词汇是简单词汇，什么类型的词汇是复杂词汇呢？20 世纪 70 年代，美国心理学家 Rosch 在其基本等级效应的"原型及基本层次范畴理论"中对于上述问题做出了回答：由于基本等级范畴是人类对事物进行类别区分时使用的基本心理等级，在认知上具有参照点的重要作用，便于记忆和习得，距离基本层次范畴越远，习得难度越大。词汇语义的等级结构决定了词汇习得需要遵循的基本顺序：从基本范畴词汇的基本义项入手，优先学习基本范畴词，以减轻词汇认知难度，强化词汇范畴化意识。

原型范畴因更接近基本层次范畴，更容易被感知、习得和记忆；又因其最能反映整个范畴的特性，对于定义和构词的价值最大。不仅如此，原型范畴不仅能将范畴内的相似性最大化，还具有使范畴间的区别最大化的"线索有效性"，为"从基本范畴词汇的基本义项入手，优先学习基本范畴词汇"的词汇习得提供了理论依据。Dennis、Maguire 等的研究证明，范畴化在母语和二语中发挥同等重要的作用，词汇不同义项在语义范畴中的排列顺序决定了其习得水平，核心成员习得优于非核心成员。基本范畴词汇利用英语词形和语音上的相似性，还可以将词形和语音相似的词划为一个形音原型范畴：如"bear"（"熊""忍耐"等）是形音完全相同的同形异义词，"dear—deer"是同音异义词，"tear"（"眼泪"与"撕裂"）是同形异音词。这也可以解释绝大部分词典（尤其是学生词典）为何要采用原型或基本层次范畴词汇进行编撰。

值得注意的是，基本层次的词汇学习有其阶段性，"尽管对于初级阶段的学习者来说是必需的，也是有效的，但只是学习一些基本范畴的词汇，无论对于语言理解还是语言产出都是不够的"。这是因为基本范畴词汇在语言中数目有限。以现在英国出版的学生词典为例，其中用来作为定义词的词汇数量一般都在 2000 个左右。尽管基本范畴词汇概括性强、覆盖面广，但由于较少关注感情色彩及语体色彩，不利于提升学习者具体表达的精确性和形象性。因此，学习者在掌握了一定量的基本词汇后，应适时将词汇习得向基本词义的辐射范畴扩展，并利用语义聚合和切分将具有语义联系或语义相似性的节点相连接，分门别类地进行基于意境和语域的语义场汇总，形成词汇联想和整体记忆。

一般而言，词汇能否获得动态重构，其动因主要来自学习者头脑中已有的认知模型。Murphy 等曾设计 4 个实验，对词汇习得各阶段的学习者加工不同层级结构时的反应进行对比研究，发现在词汇学习和储存阶段，学习者通常借助原型范畴层级结构；而在词汇提取和语义加工阶段，学习者更多地使用基于特征比较的语义推理。

范畴化理论不仅解决了传统习得理论对于二语词汇知识和词汇习得程度阐释无力的状况，还为相关语义的区分和联系提供了更加顺应学习者认知发展的词汇习得序列和模式。利用原型与等级范畴理论，可以很容易地找到所有相关词义中最为核心的，即其他意义的原型，其他意义则可看作原型意义基础上的辐射或延伸。

二、利用图式效应提高二语词汇习得

词汇习得是学习者个体获取信息并进行加工、储存和提取的过程，受个体差异影响，其词汇认知策略各不相同：有些学习者注重词汇的语义细节和用法，有些更善于从整体上对词汇进行理解和把握。尽管大多数人认同有意识的词汇习得效果更加明显，但部分学者，如 Krashen，坚持附带习得是词汇习得的最优选择，同时认为扩充词汇量的唯一途径是广泛的阅读行为，并在教学实践中推崇通过接触自然语言环境中大量目标语材料掌握词汇的习得策略。然而，词汇附带习得是有其产生的前提条件的。主要有两个条件：首先，学习者已经拥有一定的词汇量（3000~5000，有时还需要一定数量的专业词汇），否则很难读懂语言材料的内容；其次，学习者已经构建起一定规模的词汇语义网络和范畴化意识，只有对词汇语用知识具有一定的敏感度，才能增强利用语境准确猜词的能力。

认知语言学认为词汇附带习得之所以成功，是因为学习者正在进行的视觉或听觉信息会激活学习者大脑中的图式。该图式在大脑原有知识或经历的指导之下对生词进行积极加工，一部分信息会经短时记忆进入长时记忆。Ellis 指出，学习策略可以是有意识或潜意识的，但它们都代表了学习者有意地学习。

Anderson 指出，人脑记忆网络中储存着各种各样的图式，语言使用者从看到或听到一个词语到从头脑储存的词库中找到该词都是在瞬间完成的（全程不足 1/4 秒）。该过程中，图式中的各节点时刻处于一种"展开活动"，即对意义进行识别、分析和联结过程中的精加工，其动力来自学习者大脑中的词汇语义网络。这种网络内部或网络之间的互动引导词汇内在认知图式向有利的方向重构，简化词汇信息在大脑中的加工整合。

Csabi 以 52 名具有中等英语水平的匈牙利中学生为对象，通过设计实验组和控制组实验，对他们在完成包含"hold"和"keep"两个多义词的三组不同任务（词汇填空、短语动词填空和熟语填空）中的认知机制进行研究，发现接受词语多义现象这一认知机制指导的学生能够更顺利地激活"hold"和"keep"的相关语义，更加轻松地掌握隐喻和借代等多种意义。

图式效应既可以发生在语音、形态、语义层面，也可以发生在语境层面。前三个层面是指应该充分利用词汇的语音特征、单词图式中的词干和词缀信息以及以词汇原型为中心的横组合搭配和纵聚合关系语义场进行词汇联想记忆，后一种层面指学习者大脑中背景知识的语境化处理、相关图式知识在语境中的激活会促进新词项在已有心理词汇中的同化和内化。绝大多数关键词记忆法的研究已经证实图式在二语词汇习得应用中的有效性。

以图式为策略的词汇习得方式不仅能够在很大程度上减轻词汇记忆负担，也能够使人的认知模式识别更加灵活，进而更好地适应错综复杂的语境变化与刺激信息。该策略也充分表现出学习者在刺激信息加工与存储上的认知经济性原则，为更有效地习得二语词汇提供了方法论的指导。

认知语言学是基于涉身体验、以意义为中心的科学。经过近半个世纪的发展，二语词汇习得既取得了理论性突破，又积累了实证性研究数据。因此，认知语言学与二语词汇习得研究的结合具有光明的前景。本节只是涉及了对二语习得初级阶段词汇积累具有重要启发意义的原型范畴，以及对以词汇指称为基础的词汇深度知识扩展具有方法论指导意义的图式理论。可以看到，认知语言学顺应学习者的词汇习得规律，致力于引导学习者把握语言范畴特征发展的连续性，同时帮助其认识语言图式的相对离散性，从而为理解和分析语言习得序列并在此基础上阐释语言中的归化和异化现象提供了必要的认知理据。

第七章 认知语言学视角下的二语习得的新范式

第一节 动态系统理论下的二语习得

形式语言学将语言看作一个封闭、自足的系统，认知语言学则认为语言是一个不断受其使用者影响的动态实体，其"动因根植于人们对外部世界的感知，涌现于人们的交往互动，不仅具有异时性，而且具有很强的异质性"。例如，现实生活中，人们的肌肉施力、受力、对力的克服、物理性动作等力动态体验，会对语言使用者的语言编码和理解产生影响。

动态理论原为物理学术语，指任何导致自由物体历经速度、方向或外形变化的矢量。1988年，美国认知语言学家Talmy最先将力动态概念引入语言学分析，提出力动态概念跟数、体、语气和证据性等基本范畴一样弥散于语言的各个层面，其哲学基础是认知语言学的"体验哲学"，即大脑能够根据先前体验对存在物施力产生的力矢量和外部世界物体发力可能产生的后果做出推测。Talmy指出力动态模式的核心是"力"。将力动态概念运用到语言中，就可将句子表达区分为力动态和力动态空位两类。如"The door is closed."与"The door can't open."两个句子表达的是同一种现象，但前者是一种静态现象，即力动态空位；后者则是一种动态现象，即力动态。

Talmy还按照牛顿定律，对"The door can't open."进行了如下力动态模式解析。

（1）该例句包含作用力（门）和反作用力（阻止门打开的力）两种施力要素。

（2）根据实体均有或倾于运动，或倾于静止的两种内在力倾向，门有运动趋势。

（3）两种施力要素有强弱之分，此句中的反作用力阻止门打开，是强力。

（4）内在趋势和二力间的平衡直接决定着事件程式的结果：运动或静止。

通过分析可以看出，"The door can't open."的力动态状况中存在着因果关系，将力作为导致因果关系的主要因素所获得的语义理解应为：门倾向于打开，但由于存在一种较强的反作用力阻止了它，因此门的结果状态是关闭的。

显然，力动态是由其概念基础表达（致使、帮助、阻止、尽管）所反映的一种概念模型，一般具有以下特征：存在两种施力要素，即力实体，一种被前景化为注意焦点的施力体，而对抗此力的实体为受力体；力实体均有内在力的倾向性，或运动，或静止；力有强弱之分，一种力量比另一种力量要么强大，要么弱小，要么运动，要么静止。

力动态模式下的二语习得将研究中心转移到学习者个体对物理世界的体验及其与物理世界的交互，人类的感知和体验与语言表征相结合，不仅用以表征物体间力的互动方式，如推、拉、拖、拽等具体物理力概念，还可以通过隐喻扩展用以表征心理和社会领域中的抽象动觉系统，即心理力和社会力，如想要、被迫等力的施加或抵抗，对抵抗力的克服，力的阻碍、阻碍的解除等，构成解释和指导当代语言教学与研究的独特模式。

一、动态模式下的英语情态动词习得

情态用以反映说话人对命题真值或事件现实性地位的态度、观点以及看法等，在各种语言中都占有重要地位。情态的表达形式多种多样。英语中丰富的情态动词是情态的核心表达形式，但因其语义抽象、复杂，一直是习得的难点。Palmer 根据力动态理论，对情态的语义类型进行分析，将之分为动力、道义和认识 3 类。其中，动力情态与能力或意愿相关，道义情态与义务或允许有关，认识情态则传递说话人对命题为真的可能性或必然性的看法或态度，对于研究情态动词的习得具有很大启发。

现有对于情态的研究以母语习得居多，且主要围绕 4 种类型进行：情态词形的习得顺序、情态语义的习得顺序、情态句句法的发展特征以及情态习得的影响因素。研究发现，情态动词在儿童语言中的出现频率不高，习得时间一般在 1 岁 10 个月至 2 岁 6 个月这一阶段，动力情态习得最早，其次是认识情态，道义情态习得最晚。儿童母语习得早期，情态句的句法结构发展非常缓慢，且情态动词的语义和语用内涵、情态表达的输入频率以及儿童心理理论发展状况等因素都对情态句的习得产生影响。

情态动词,就其本质而言,本不具有特殊内涵,是非情态形式的词汇经逐步演变首先被赋予情态词汇的道义意义,后经进一步发展具有了认识意义。在相似的演变过程中,情态动词的意义相互交织,有些因使用频率很高,被赋予越来越多的意义。对于高频情态动词(如根情态和认识情态)所具有的多种多样的意义,传统语法下的词典、教科书多采用释义的方式进行话语描述,主要有两种:歧义说和单义说。

歧义说认为情态动词的多种意义各不相同、互无联系,应以一种意义为主,将其他意义作为潜在歧义性的语义成分加以处理,人们只能凭语言直觉进行理解。以 Kratzer、Klinge、Groefsema、Papafragou 等为代表的单义说坚持,情态动词只有一个核心或基本意义,人们以这一基本或核心意义为基础,借助语用推理便可获得其他各种可能的解释。虽然相较于歧义说,单义说将情态动词多种意义与基本意义相联系的方法更加符合人们的直觉,但该理论对情态动词意义的解释需要依赖强大的语用机制才能完成,对于语言能力也提出了很高的要求,而且,不管是单义说还是歧义说,其理论都难以穷尽情态动词所能传达的所有微妙含义,还会导致有些情态义纠缠在一起难以区分。很长一段时间,在情态动词的理论解释上,无论是语言学家之间还是逻辑学家之间,至今都没有就建立一个全面的在理论上一贯的、在经验上令人满意的框架。

诚然,情态动词在其意义的长期演变中与人类复杂的情感世界和主观活动相互交织,很多意义又掺杂了说话人复杂而微妙的个人态度、观点等,有时还会因语言使用者特有的意识形态及社会权利而带有更多复杂因素在其中。尽管情态动词多层含义之间的相互关联表明其意义是有理据的,却很难将之准确付诸文字。传统情态理论对于情态动词的意义和用法是在句法结构层面进行描述的,这种描述由于是静态、孤立的,很难对其使用中的多义性及意义的交叉混合做出合理阐释。对于母语者而言,情态动词所传达的含义是不言而喻的,但对于二语学习者来说,如果没有关于目的语丰富而深厚的知识储备,要想准确甄别这些字面之外的意义和用法绝非易事。由于上述原因,情态动词习得一直就是二语习得中的一个难点。

伴随认知语言学在二语习得领域的应用,情态动词作为传统语法领域中一个重要而又复杂的概念自然引起了学界极大的关注。Talmy 认为情态动词是一个相互联系的动态系统,其各语义关系可以用现实世界中的作用力图式加以解释,如力的强制作用、力的阻碍作用以及阻力的消除。力的强制作用指某一物体受外力作用时，会自然而然顺着作用力的方向前进；力的阻碍作用指外力遭遇来自物体内部或外部的阻碍时，力作用方向的改变，或者障碍物沿力的方向继续前进；阻力的消除指由于障碍物的消除，作用力沿着既定的方向继续前进。

根据 Talmy 的作用力图式观，语言是人们的内部心理世界与外部现实世界交互作用的结果，是真实世界在理性世界投射的产物。力作用作为人类体验的重要组成部分，也会在内部心理世界产生投射。Langacker 认同 Talmy 的作用力，并曾运用两种模式进行阐释。

（1）结构化世界模式：如果将世界看作是按某种特定方式结构化而成的，该特定结构会产生促进某些事情发生而抑制其他事情发生的力。在一定条件下，有些事情一定会发生，除非受到外在力量的阻挠；有些事情因其与结构化的世界不相符合则一定不会发生。

（2）复杂认识模式：该模式认为人类对于客观现实的认识是有限的，但对现实世界以及演变历史的了解是无法穷尽的。因此，世界对于人类来说有两部分：已知现实与虚构现实。对于虚构现实也可以分为两部分：未知现实和非现实，前者指与已知现实联系紧密的虚构现实，后者指其他的虚构现实。

在上述两种模式的基础上，Langacker 通过还原情态动词使用的过程并解析使用过程中涉及的语言、社会和认知等各种因素，提出情态动词的力动态演变模式，将人们现实世界中的力体验融入情态动词的语义范畴，为二语学习者的情态动词理解构建了理想化认知模型。

Sweetser 将情态动词与现实世界中的力和障碍相联系，对传统语言学中较难解释的情态动词进行隐喻扩展的意义研究。其基本观点是，情态动词的根意义和其他意义看似毫无关联，但就实质而言，所有意义都是从基本根情态向情态隐喻的扩展。Tyler 基于 Sweester 的分析方法，勾画了 10 幅示意图用以解释常用的 10 个情态动词的根意义。

如：情态动词"must"的根意义涉及外物对动作主体施加的一种不可抗拒的力量。该力量下，外物须按照作用力的方向与意图行事。如图 1 所示（见下页），左边代表有强大的权威（外力）的人比右边代表行为主体的人大，说明左边的权威大于右边的动作实施者。箭头指示力发生作用或动作实施者运动的方向：左边的箭头更粗，说明外力巨大，对于右边的动作实施者来说不可抗拒。

图 1 must 的根意义　　　　图 2 may 的根意义

如图 2 所示，左边的人代表动作主体，中间的人代表权威，右边的门表示障碍物。左边的人不如中间的人高大，说明权威具有巨大的外力。根据箭头表示的力发生作用的方向，可以看出外来的权威一定程度上允许动作主体按照自己的意愿行事，不仅如此，权威已把能够对动作主体造成影响的潜在障碍物移开（门是敞开的）。动作主体可以根据自己的意愿进行自主选择。

例 1：You must pass all your courses in order to graduate.

例 2：You may leave whenever you finish it.

在英语情态动词习得或教学中，如果能如上图所示，将每个情态动词的意义进行简单的勾勒，不仅易于提高学生的兴趣，话语状态下难以解释的情态动词所包含的力的大小、方向、可抗拒性等细微差别也能够获得直观展示，对于课堂教学无疑具有很大的帮助。

Tyler、Mueller 和 Ho 以 64 名不同母语背景的大学生为被试，进行了一项基于"could""would""should"和"must"4 个情态动词习得的研究。通过把被试随机分到认知处理组、传统教法处理组和控制情态动词组进行情态动词学习，观察不同教学策略对习得效果的影响。

认知处理组的学习流程：首先对情态动词进行前测，然后即刻进行师生互动，时长为 50 分钟。互动过程中，教师利用图式从力动态和隐喻扩展角度向学生解释"远"和"近"的意义，然后让学生围绕 4 个情态动词的图式意义进行讨论。间隔 4 天后，被试在实验室借助计算机辅助和例句学习力动态与情态动词的意义及用法，时长也是 50 分钟。之后的后测内容是根据句意选择合适的情态动词。

传统教法处理组学习流程：首先进行情态动词前测，然后利用美国情景喜剧短片里的会话场景讨论情态动词的用法，对现行英语教材中的情态动词进行分析并完成相关练习任务。同样间隔4天后，被试通过选自教材的9篇文章，进行计算机辅助的情态动词学习，并反复进行复习和练习，时长为50分钟。最后进行后测。

控制情态动词组学习流程：该组不接收与情态动词相关的学习，只接受前测、后测。

从上述3组在情态动词后测中的成绩对比显示，认知处理组显著优于传统教法处理组；通过对3个学习组的前测、后测成绩进行比较，发现认知处理组习得绩效最好，控制情态动词组有微弱进步，但传统教法处理组没有进步。显然，传统静态讲解教学法对于学习者的情态动词认知不具有帮助作用，而借助图表或者场景形式的力动态示意图对情态动词的意义进行分析，其直观效果和力体验能帮助学习者获得更好的认知效果。

二、动态模式下的英语介词习得

传统语义研究认为英语空间介词在语义上具有很强的任意性，每个介词都包含多个义项，但各义项间地位相同、互不相关。

因此，词典对介词的意义进行解释时，一般只给出意义，不解释义项之间的关系。二语教学过程中，面对介词复杂的用法，教师通常会让学习者将某些介词的用法当作固定结构硬背下来，较少进行深层次剖析。不仅如此，介词经常与动词、名词等搭配使用，以比喻的形式传达时间、状态、过程、关系等抽象概念，由此而导致的延伸义概念邻接可以感觉却不容易分辨，对二语者而言习得难度很大。

传统的介词研究曾尝试使用对比分析、错误分析和中介语分析等方法对介词义项间的关系进行描述，但由于未能充分重视空间位置和运动之间存在的内在联系，并不能令人满意地对介词做出全面解释。Tyler和Evans以历时调查的方式为每一个介词确定了一个语义原型场景，同时使用射体和界标为英语介词的复杂语义构建动态空间分析模式，并在此基础上提出原则性多义网络。根据原则性多义网络，一个独立的空间义项要同时满足两个条件：该义项必须独立于具体语境；该义项呈现一个与原型场景不同的动体—界标图式。由于介词丰富的空间意义来源于人们基于介词形成的不同空间意象折射，借助图表或者场景更容易对情态动词的复杂意义进行射体与界标的空间动态展示。

将真实世界动力学植入语义研究，借助人类最基本的空间感知和力范畴间的对应关系对介词复杂多变的语义网络进行阐释，能够更清晰地揭示人们为何对同一场景存在不同的识解，隐喻化思维三大认知原则如何有针对性地界定英语基本介词的多义系统（如核心意义、延伸意义、接触意义、从属意义等）以及义项扩展路径。由于人类对语言的理解与使用是建立在物理世界的经验之上的，力动态模式指导下的介词教学不仅为二语学习过程中的介词习得特征和困难提供可供解释的理论框架，还能预测不同义项的习得顺序，指导学习者有效避免来自母语空间概念的干扰，提高介词意义的短时、长时记忆，帮助其获得更好的认知效果。

三、动态模式下的致使概念习得

致使表征是人类语言的一个基本范畴，其概念表征在语言上表现为致使结构或致使构式，是语言研究关注的焦点之一。当前，涉及致使概念语言表征的理论要么是为解释人们的习得机制，要么是为归纳人们表达致使范畴时的语言使用机制。早在 2000 年，Talmy 就以"KEEP+V-ING"构式为代表，描述过物理领域内致使结构所表现的恒定状态力动态模式。根据 Talmy 的恒定状态力动态模式，致使结构包含四个元素。

（1）力实体：因其力方向彼此相反，在语言里会被赋予两种不同的语义角色：施力者和阻力者。其中，施力者是人们注意的焦点，在力量抗衡中具有竭力维持自己力量的趋向性；阻力者则侧重对施力者施加力量后产生的效果。

（2）内在倾向：致使语义表征都有一种或运动或静止的内在力趋向性。

（3）力量强弱：由于力实体间抗衡的不平衡性，力实体在力量上具有强弱之分。

（4）互动结果：力实体相互作用的最终结果为施力者的运动或静止。

Talmy 对传统致使结构的语义阐释不囿于"致使"概念，还通过对语义进行精细分解，如施加阻力以抵抗、克服、阻碍或移除另一实体内在力量趋向，从而将"让""抑制""阻碍"等意义囊括其中，并借助一套参量对其进行分析比较，形成力动态图式系统。De Mulder 认为，力动态系借助语言使用者的隐喻能力将其概念化到物理以外的其他抽象领域，该系统可看成用以统一概括不同语法形式框架的一个语义范畴，也可看成人类大脑中的一种概念结构。

Wolff 和 Song 的致使范畴力动态模式重新界定了直接致使和间接致使："在语言表达方式上,直接致使多用词汇致使,间接致使多用迂回致使。"词汇致使指在一个单句中表达致使范畴,如"打开""打破""融化";迂回致使指用两个动词来表达致使范畴,一个表使因,一个表结果,主要包括 CAUSE(如"cause""force""make")、PREVENT(如"prevent""block""keep")和 ENABLE(如"enable""allow""help")三类动词的致使表达。然而,无论哪种致使概念,其基本语义都以人们与外在世界相互作用过程中产生的知觉、行为、表达和反思为基础。

从认知视角看,大脑具有对存在物施力产生的力矢量及外部世界物体发力可能产生的后果进行推测的能力。由于力动态模式很好地符合了心理学上的似然因果理论,利用实体发出的力、力的相互作用和力的矢量等概念能够更好地契合学习者对于致使动作终极状态实现或未实现的确定。相较于传统教学法的概括表述,利用力动态图式能够更清晰地廓清致使结果的深层认知动因。

从某种程度上来说,动态系统属于不太容易引起人们注意却非常重要的概念组织范畴。语言力动态系统不仅普遍存在于如上所述的情态动词、介词和致使结构中,还可广泛为其他语言表达(如时体、因果)的分析和研究提供宽泛、系统的概念矩阵和精细的分析框架。同时,通过把力的相互作用概念体系植入语言结构,能将语言分析与物理、心理、社会、语篇以及关于推理和概念的心智模式相联系,将力的概念扩展到心理和社会等认知域。这既是对传统概念的概括和超越,也有助于克服人们以视觉为基础模式对理论进行描述的狭隘性,从而"将二语习得置于更广阔的理论框架下,便于发现过渡语的个性和普遍性"。

第二节 关联理论视角下的二语习得

1986年，Sperber和Wilson在其合著的《关联性：交际与认知》一书中提出关联理论；1995年，Sperber和Wilson又对关联理论做了必要的修订和补充，引发了国内外语用学界乃至整个语言学界的广泛关注。根据关联理论，语言交际是话语使用者基于语境并按照一定的认知推理规律进行的活动。该理论将语言交际视为一个以语境为参照，以命题与语境之间的关系为关联，获得逻辑结论的"明示—推理"过程。关联理论的提出，极大地丰富了语义学与语用学的研究内容。伴随其研究视阈的开阔，基于该理论进行的二语习得研究越来越丰富，引起了众多学者的关注。

一、关联理论框架下的二语习得研究回顾

关联理论框架下的二语习得研究涉及语言哲学、认知语言学、语用学等多个学科领域，不仅关注学习者目标语习得和使用过程中的语言理解和表达，解析其反映的语用现象、语用特征，阐释这些现象和特征形成与发展的规律，还致力于对语言使用者的心理推理过程进行剖析，常常被看作认知视角下语际语用学的新发展。

21世纪以来，不管是国内还是国外，二语研究领域的学者对关联理论的兴趣日渐高涨，他们利用其相关概念探讨二语习得的广泛课题，取得了大量研究成果，主要表现在以下五个方面。

（一）理论探讨

关联理论以崭新的视角为人们重新审视二语习得的若干问题提供了研究框架。运用关联理论，学者们围绕二语习得中的语言迁移现象进行了广泛的理论探讨，推进了关联理论在二语习得研究中的运用。与Herbert Clark提出的社会认知行动理论相比，关联理论对二语习得更具有针对性的指导作用，尤其对于研究本族语者和非本族语者之间的言

语互动具有很大启发。Foster-Cohen 和 DePaiva 通过阐释对二语习得理论做出重要贡献的一些关联理论要点，如 Bialystok 和 Schimidt 的理论及其各自提出的"分析""控制""注意"等概念，指出互动交际可以在关联理论的推理机制下获得解释。DePaiva 则认为关联理论对认知和心理因素的分析可以为解释语言输入过程提供框架，建议将之作为一个交际模式，为二语习得研究寻求必要的理论支撑。

国内学者倡导将关联理论应用于二语习得中一些语言现象的描述，如从认知语境研究英语时体习得，将静态的语言学习过程转向对学习者与认知语境相互作用的动态过程；利用最佳关联等概念解释诸如前置句式的特殊句法结构习得。Blakemore 提出，语言中的某些表达方式会表露句子的言外之意，对情态指示语、语篇小品词或语篇连接词等进行深入研究，能够揭示对语言理解产生程序制约的推理线索。

（二）语法研究

许多学者近年来着眼于语法层面的二语习得研究。他们或将语言使用者语言输出时的语法欠缺与其母语背景相结合，从关联理论角度阐释问题产生的本质；或针对使用目标语形态句法时的选择性石化现象，对比不同语言背景学习者目标语时态的情况。研究发现当某一语言特征在逻辑形式上（如母语中语法欠缺）提取失败时，学习者倾向于借助非语言资源（如百科知识）去寻求该语言特征的近似形式，以实现最佳关联。

针对传统语法或现代语法难以对二语习得过程中使用虽频繁但问题繁多的定冠词"the"提供完整、全面的使用规则，Zegarac 在关联理论框架下对母语为零冠词系统的学习者习得英语定冠词的过程进行探究，提出通过对推理较高层次的明示内容进行语义制约，可以对传统教学语法难以清晰界定的英语定冠词语义特征进行明确描述，即不再关注定冠词指代的内容，而是转而关注与之紧密联系且概念足够清晰的特定指称物。该发现在 Trenkic 的研究中得以进一步肯定：冠词缺省策略受制于语言处理所需的努力，在获取意义遭遇较大困难的语境中，冠词省略错误更多，但在容易获取意义的语境中，冠词省略错误较少。

Ying 通过对比母语为汉语的成人英语学习者和英语本族语者理解含有句法歧义 that 从句的情况，提出关联原则对语义解释有制约作用。研究通过对歧义句进行不同的任务设置（第一组的每个歧义句后面附有两个干扰项，第二组的每个歧义句前附有一个倾向于将从句解释为关系从句的参考语境），发现学习者在解释第一组时较少使用语法节点，且更多地将其中的 that 从句解释为补语，说明此类句子的语法处理涉及较少的努力；但在解释第二组时，则更多地将其中的 that 从句解释为关系从句，说明参考句所提供的编码程序信息有助于减轻信息处理努力并能引导学习者获得预期语境效果。不仅是 that 从句，Ying 此前考察学习者对带有歧义的 VP-省略句中的反身回指进行解释时也发现，二语学习者倾向于运用最大关联解释反身回指，但运用最小努力解释歧义所指。上述研究结果说明，虽然不同水平的学习者使用的理解策略各不相同，但语境定识对学习者所指信息的推理具有程序抑制力。

与之前语法研究的静态观点相比，关联理论框架下的二语句法习得研究建立在实证基础之上，将语境因素对学习者产生的动态影响考虑在内，并积极寻求相应的解决策略，对二语语法教学、问题诊断及矫正具有更加实际的指导作用。

（三）关联理论对词汇和短语意义的研究

Wilson 较早论及将关联理论应用于词汇和短语意义研究的可行性，并从广义的语用角度对词汇语义与交际概念的关系、词义习得和处理以及语用能力发展等进行论述，为人们对特定语境下的词汇选择和理解开展研究提供了必要的理论框架。

以广受关注的语篇标记语为例，虽然传统研究围绕该类词的范畴属性、语音特征和句法结构等开展了大量研究，Blakemore 的语义制约理论也涉及语篇标记语的动态意义，但因忽略其在特定语境下交际功能的讨论，对于部分特定话语中的语用意义难以进行全面的解释。关联理论拓展了 Blakemore 的语义制约理论，提出语篇标记语与话语理解中的推理有关，具有制约话语推导含义或交际意义、赋予话语程序意义的作用。

Miskovic-Lukovic 以关联理论的概念意义和程序意义、显义与寓意两组意义的语用区别为理论基础，分析了英语学习者对 kind of、sort of 和 in fact 三个话语标记语的理解，提出前两个标记语抑制显义的推理建构，而后一标记语抑制寓意的推理，进一步印证了 Sperber 和 Wilson 提出的"无论是显义还是寓意，程序性意义可以对理解推理阶段中的任何方面产生约束"。

以关联理论的"最佳关联性"为指导，汪晓丹考察了不同词汇呈现方式（词块、联想、猜词、举例句和相关）对学习者词汇和短语学习与记忆效果的影响，提出教师在词汇教学中应尽可能给予学生明示刺激，且该刺激应最大限度地关照学生的现实生活，以激发其花费努力处理该信号的意愿。学习能力和意愿的最佳关联是促进学习者词汇能力发展的重要保证。

关联理论对语用触发语及其与语境关联的探讨，已经对传统语义学研究产生了若干启示，关联理论视角下非真值条件语义研究已经成为认知语言学的一个研究焦点。

（四）关联理论对语言技能培养的研究

二语习得一直强调听、说、读、写、译 5 种技能的掌握，关联理论框架下的学习者语言技能研究也不例外。但从当前业已取得的成果看，绝大多数研究是论证关联理论对语言技能培养的指导意义，另一部分研究或因把二语技能的获得结果与获得过程相等同，或因过于简单地处理问题，使其研究始终局限于表征系统而不是动态发展。

Taguchi 利用英语对话开展研究，通过将每组听力对话最后问题的回答进行违背 Grice 合作原则中关联准则的设计，探析母语为日语的学习者如何理解英语听力话语中的寓意。为更加准确地获知学习者的解码模式，听力测试中，访谈者在学习者每做完一题后，都会针对其答题思维过程及听力理解策略开展内省式访谈。研究结果表明，各种英语水平学习者均能从语境中寻求关联以理解说话者隐含的意思，但在依赖背景知识和关键词进行推理的策略使用上存在语言水平的差异：高水平者的使用频率远超低水平者，且语言水平越高，使用预期目的进行寓意辨识的频率越高。

罗凤文与梁兴莉通过建构二语写作心理流程模型，分析学习者二语写作的特点，发现语义关联过滤对学习者写作能力的提高及语篇的逻辑性和连贯性具有促进作用。

（五）课堂语言研究

课堂是二语学习的主要阵地。由于该背景中的互动交际具有其典型特征，且对学习者二语习得影响极大，引起研究者广泛的关注。不过早期研究者主要围绕教师提问环节的语音和句法特征进行，关联理论介入的课堂语言研究将对师生互动语言的认知心理因素纳入探讨的范畴。

其中，Nizegorodcew 认为当教师依据最佳关联原则进行课堂语言输入时，教学效果最好。究其原因，Nizegorodcew 指出，课堂语言是教师为取得特定课堂教授效果而特意展示的语言，学生如何对教师语言进行理解决定了课堂教学效果的成败。一般而言，学生总是在对教师二语教学中的语言寻求最佳关联解释，他们按照何种方式理解教师的语言输入取决于其如何获取最佳关联。因此，课堂教学中，教师应引导学生结合语境对语言形式进行集中的宏观处理。当学生贴切地理解教师课堂输入的特别意图，就有助于顺利实现教学预期的效果；但若该功能只能以隐含的方式得以实现，则会破坏教学效果。肖肃通过分析学生对教师课堂话语所做的反应，肯定了关联理论基本原则对师生课堂话语交互的解释力，提出教师应及时根据学生的反馈查找导致其理解失败的原因，并最大限度地对话语输出进行修正，以帮助学习者获取最佳关联。

对教师课堂话语关联性进行深入研究，对于揭示课堂师生交互中的交际本质和规律，探寻有利于语言输入及语言点掌握的授课技巧具有重要的现实意义。通过对影响师生课堂交互的因素进行挖掘，还可以使教师更好地监控课堂交际的过程，更加有效地帮助学生在有限的课堂互动中获得最佳学习效果。

二、关联理论对二语词汇语义认知的阐释力

词汇与语境一经结合，在语境中句法结构和成分的制约下，其语义就可能从基本概念转化为一个崭新的概念，同时以此为基础负载新的句法功能并形成新义。正是依赖词汇语义在语用中的动态变化，人类交际才得以更好地完成和实现。何为语境？关联理论认为语境就是一个由定识构成的集合，该集合既包括上下文所构成的语言语境和即时话语场景中的非语言信息或物质语境，也包括语言使用者为加工新语句而从记忆中调用的定识，如特定的记忆、经历、百科知识、社群知识。

词汇语义的动态性决定了词汇习得是二语能力发展的目标之一。然而二语习得过程中，却时常存在这样一个现象：由于某词汇在特定语境下已偏离其字面意思或编码意义等原型特征，听者或读者虽掌握该词的指称意义，却难以对此做出符合语境的确切释义。语言习得实践中，学习者倾向于把此类困难归咎于词汇量太少。但通过对词汇能力进行全面考察，学者发现词汇量只是词汇能力的维度之一，除此之外，还有其他维度，如推理能力。

于翠红以 Marconi 所提的指称能力和推理能力为自变量，以特定语境下词汇释义能力为因变量，对我国英语较高水平学习者三个维度上的语义理解能力进行研究。

（一）研究材料

研究利用三份不同的试卷收集数据。

（1）词汇指称能力测试卷

该测试卷基于 Nation、Schmitt 和 Clapham 词汇量测试设计而成，重在考察学习者的语义指称能力。

（2）词汇搭配测试卷

该测试卷主要包括形名和动名两类搭配类型，用于考察学习者对词汇语义及其在短语句子中的搭配、类联结等语用知识的掌握，并考察其语义推理能力。

（3）特定语境下词汇释义能力测试卷

该测试卷以多义词汇作为目标词，通过将目标词放置于特定语境的句子中，让学习者对目标词进行释义。为更加准确地获取学习者特定语境下的释义机制，该测试要求被试在完成每题的释义后，从提供的四个选项（A.接受性知识；B.语境推理；C.背景知识；D.其他）中选择最接近其词义理解依据的一项，简单加以注明。

（二）数据收集与分析

研究分三次在不同的时间分别实施，要求学习者在不借助任何工具的情况下在规定的时间（45分钟）内独立完成。测试结束后，研究者依据统一的标准答案对试卷进行评阅，收集数据，并对数据进行统计分析。三次测试成绩及其分析结果如下。

对三次测试成绩的描述性统计分析（$N=51$）

成绩范围	0～59	60～69	70～79	80～89	90～100	平均值	标准差	最小值	最大值
指称能力	0	7	15	19	10	81.24	9.93	61	98
推理能力	5	12	16	16	2	72.67	10.57	44	90

续表

成绩范围	0~59	60~69	70~79	80~89	90~100	平均值	标准差	最小值	最大值
词汇释义能力	8	13	20	9	1	69.76	10.35	42	92

1. 三种词汇能力发展是否均衡

对收集到的三次测试数据进行描述性统计分析发现，绝大多数被试都能较好地掌握词汇的指称意义，80分以上的所占比例接近60%；词汇推理所需要的深度词汇知识发展稍逊，平均为72.67分；特定语境下词汇释义能力得分最低，平均分只有69.76分，且该测试中的高分区人数约为总人数的20%。该结果表明学习者三个维度的词汇能力发展并不均衡，呈现出接受性知识具有显著的发展优势但产出性知识发展滞后的趋势。造成这种现象的原因是多方面的，主要有以下两方面。

一方面，由于我国二语学习者词汇习得以单个词汇的记忆与课堂学习为主，缺乏相应的真实语境化语言的输入，致使学习者掌握的词汇知识仅仅停留在词义与语义的搭配上。如果某个词汇不能与其他词汇建立连接，就难以提供语义推理所需的语义网络。

另一方面，从信息加工的角度看，学习者言语理解和产出过程中的目标词激活不仅仅依靠该词汇的独立知识，只有学习者将头脑中的经历、百科知识等同时参与语义的推理，才有可能激活并成功提取相关信息。这不仅与词汇广度和深度知识有关，还涉及语言使用者能否用语境为目标词构建适切的图式。因此，词汇语义、句法和形态等方面的信息与语境的匹配不是静止的，而是始终处于动态的认知推理过程中。如果图式不能够顺利构建，认知推理则很难进行下去。

2. 三种词汇能力的相关度如何

对三次测试数据进行的皮尔森相关性统计分析显示，被试词汇指称能力、推理能力和特定语境下词汇释义能力存在显著相关（相关系数均在0.7以上）。其中，推理能力与特定语境下词汇释义能力的相关度为0.911，指称能力与特定语境下词汇释义能力的相关度为0.740。

特定语境下的词汇释义能力与推理能力的相关度大于其与指称能力的相关度，说明学习者的特定语境释义能力固然受到词汇广度的影响，但与人们头脑中储存的定识关系更加密切。这是因为对一定语境下的词汇语义进行释义不仅涉及与词汇相关的语义、句法和形态等信息，还与语言使用者头脑中其他语言知识（先前的语言、非语言知识、语篇语境线索等）存在交互作用。在此过程中，词汇推理能力承担获取词形、识别语义并运用多种知识源来建立网络联系的作用。一般来说，成功的语境语义推理包括两部分：形成推理部分和元语言控制部分。形成推理涉及大量相互连接、相互作用的基础知识块（如词汇块、文章构思图式块）；元认知控制则指语言使用者打算做出推理或验证推理时所采取的一系列决策步骤，也包括其决定用什么方法和什么时候从语境中获得线索等。

（三）对二语词汇教与学的启发

本节的发现对二语词汇教与学均有可以借鉴的启示和指导意义。

首先，本节发现词汇指称意义是进行有效语境推理的基础。只有词汇广度达到一定水平，二语学习者才具备对特定语境下的词汇语义进行推理的能力。因此，在二语学习环境下，学习者首先要扩大自己的接受性词汇知识，从而为其他能力的发展提供基础和可能。

其次，词汇深度知识与特定语境下词汇释义能力的相关度更高说明，教学过程中，教师应引导学生摒弃对词汇广度知识的片面追求，鼓励其从最大关联性出发对高频词汇进行认知深度加工，通过建立词与词之间丰富的语义网络，不仅从表面层次上掌握词汇的本义，还能深入语言内部体会语境与语义结合产生的词汇概念之美。教师必须清醒地认识到，如果指称能力不能与推理能力齐头并进、共同发展，就不能够保证学习者词汇能力的均衡发展，从而不能对词汇语义信息进行语用选择。

最后，为促进学生语境推理能力得以顺利发展，教师应在日常显性词汇教学的同时，积极对隐性词义进行扩展。为获得课堂师生交互的最佳关联，在备课过程中，教师不应对参考书上的例句信手拈来，而应有所取舍、慎选例句。值得注意的是，只有语境性强、趣味性高、代表性广泛且紧密联系生活的原汁原味的例句才能够帮助学习者在理解或推理过程中逐步激活旧定识，提高其综合认知水平。

三、关联理论框架下二语习得研究的思考

关联理论介入二语习得，改变了以往单一地从静态角度对语言现象进行研究的一贯做法，使人们更加关注语言习得逻辑和规律的动态解释。就这一方面而言，关联理论为二语习得研究提供了一个独特的视角，为更好地探讨二语表征和学习者语言能力开辟了崭新的研究模式。然而，该理论模式在拥有较大优势的同时，也存在一定的欠缺和局限。

（一）对研究内容和范围的思考

关联理论就其本质而言是基于交际与认知而提出的认知语用学理论，该理论在二语习得领域具有广阔的应用前景，但从当前的二语教学实践看来，关联理论指导下的二语习得研究仍比较有限，且研究之间缺乏一定的连贯性。以礼貌原则为例，虽然 Moreno 通过其对学习者学习、使用礼貌原则时的困惑和失误的研究，提出现实语境比文本语境的理论阐释更能触发学习者的定识，倡导将礼貌原则得体性教学融入真实语境中，但由于其在研究中仅仅提出将关联理论应用于该领域的可能性，并未在如何培养学习者更加有效地认知礼貌原则方面进行分析和论证，更未对学习者跨语言交际过程中出现的礼貌原则"短路"现象提出有效的解决方案，对教学实践的指导作用比较有限。加之该方面后续研究的匮乏，不足以构建完整有效的教学实践及理论体系。

（二）对研究方法的思考

早期的研究大都遵循从描写到理论的思路，当前的很多研究则是通过设计实验、收集和分析数据检验既有的理论假设。建立在实证基础之上的研究虽然对二语习得具有有益的启示，但由于不同研究者在研究方法、参数设定、研究目的上各异，其研究成果不可避免会存在一定的差异甚或争议，如 Ying 对携带歧义的 VP-省略句中反身回指所做的论断与 Sequeiros 的研究结论存在诸多不一致和争议之处。这些争议一方面显示研究者运用关联理论解释二语习得的相关问题时必须考虑各种可能的因素，以做出令人信服的论证，另一方面也为丰富发展该理论模式提供了有益的参考。

（三）对研究过程的思考

尽管关联理论将长期被忽视的语境知识提升到一个必不可缺的位置，其视角下的二语习得实证研究也越来越多，但由于很多关联推理是在无意识的语言系统之上建立的，人们只能透过对某些言语行为进行分析，间接推断语言使用者的心理表征，但很难直接观测其语言能力。另外，由于运用关联理论核心概念进行相关二语习得问题的探索客观上需要大量的、持之以恒的研究投入，很多问题需要更加有力的数据给以佐证。正因如此，迄今为止，学界对有些问题，如句法结构、词的形态，仍然难以做出完全令人满意的解释。

综上所述，尽管关联理论框架下的二语习得研究仍相对滞后，研究领域较为狭窄，鉴于其对二语习得与教学中诸多问题所具有的强大指导性和解释力，该领域的研究方兴未艾，且日益彰显出独特的优势。

语者对关联理论产生了浓厚兴趣。与此相适应，两种理论接口下的系列研究成果日趋丰硕。纵观 21 世纪以来关联理论框架下的二语习得研究，许多崭新的特征开始呈现，主要表现为以下四点。

（1）由单变量分析向多变量交互研究的转变。

（2）由基于数据统计结果的描述分析向以认知科学、心理语言学等交叉学科理论为指导的二语认知心理过程转变的探讨。

（3）由基于数据统计的测量研究到关联理论驱动下二语习得更细微层次结构的比较。

（4）新旧研究成果的互补以及与关联理论的有效融合。

众多研究成果表明，关联理论对二语习得的研究是积极的、重要的。Jodlowiec 认为，"关联模式对以言语阐述和理解为基础的心理语言学和超心理学具有重要启示，可以为浮现理论化提供卓有成效的补充。关联理论所探讨的元表征能力为详细研究二语习得的适应性提供了理论基础"。

值得一提的是，关联理论框架下母语习得与二语习得的比较、关联理论对学习者认知风格与策略的指导、关联理论对学习者交际能力的培养和中介语的使用等方面的研究以及关联理论框架下跨学科、跨文化、多语种对比分析的二语习得研究如火如荼。随着国内外学者合作研究的不断增多，相信关联理论的价值必将在二语习得领域得到更好的彰显。

第三节 构式认知视角下的二语习得

"构式"可对应汉语中的"结构"。作为认知语言学的一个重要分支，构式语法是在批判和反思传统语言学尤其是生成语法理论基础之上形成的。近 20 年来，构式语法渐渐成为基于使用的语言学流派的主力军。很多语言学家（如 Fillmore、Langacker、Taylor、Goldberg、Croft）都曾为构式语法内涵和外延的发展做出过突出贡献。伴随构式研究方法的衍变，其理论框架也日臻完善。构式语法倡导语言研究应重点关注其使用者的"心理表征和认知过程"，探究语言思维和语言表达式之间的心智过程。本章将对构式语法的国内外研究思路进行简要梳理。

一、构式语法研究思路的历时发展

（一）Fillmore 的构式语法研究思路

Fillmore 的构式语法是在其"格语法"的基础上提出来的，最初是为解释习语中的句法和语义关系。通过将构式描写为四个特征，即包括任何句式的规约性句法表征、词项本身就是构式、由母结构和子结构组成、具有习语性，构式语法完善了语言研究中形义结合的研究思路。

（二）Langacker 和 Taylor 的构式语法研究思路

Langacker 的认知语法强调，语言学的任务就是分析语言如何通过语音结构和语义结构及二者的象征关系进行构造。Langacker 认同 Fillmore 的形—义匹配，以及习语是自然语料不应被排除在语言现象研究范畴之外的观点，提出将大于等于 2 个象征单位的词汇和句法连续统视为构式。Taylor 继承了 Langacker 认知语法的基本思想，提出人脑对现实世界的认知最终是通过图式—实例关系实现的，主张应从图式—实例的关系角度探讨构式的生成机制及图式构式的能产性，为构式研究开辟了崭新的思路。

（三）Croft 的激进构式语法研究思路

Croft 将构式看作构成复杂句法结构和语义结构的对子。其构式语法之所以被学界称为激进的构式语法，是因为 Croft 始终坚持构式是语言的原始单位、句法表征的基本单位，构式的句法成分及其语义成分之间只有象征关系，不存在句法关系。不仅如此，Croft 甚至提出在实际的语言交际中句法关系无足轻重，不考虑句法关系，语言中的形式、意义之间的映射反而更加简单明了。

（四）Goldberg 的构式语法研究思路

20 世纪 80 年代，Goldberg 提出应将构式研究由特殊构式拓展到常见构式，认为语言是由复杂程度和抽象程度不同的构式组成的连续统，其形式、意义及功能紧密相连，词汇与语法之间也无法严格区分；语言能力并不具有自主性，且与先天性因素的关系不大，是在后天输入、推理、语用等认知能力发展的基础上逐步发展起来的。在其 2006 年出版的新著《运作中的构式：语言概括的本质》里，Goldberg 提出了一个概括性术语——构式主义方法。该方法强调构式是语言的基本组成单位，语言本质上是象征性的，同时对构式定义做了修改，提出不再将传统定义中的"不可预测性"作为构式的必要条件。任何语言结构，只要在形式或功能的某个方面不能从其组成部分或其他已知构式中严格预测出来，就可视为构式。即使是能够被完全预测出来的语言结构，只要有足够的出现频率，也可被视为构式。

除此之外，Goldberg 还突破构式研究的静态观，提出构式是以交际为目的的规约化形式—意义/功能配对，除了动词与构式之间的互动，构式与构式之间也组成一个互动的、有承继关系的网络，主要遵循以下四个原则。

（1）最大理据性原则：如果一个构式的结构是从语言中的其他构式承继的，则该构式的存在具有理据性，而且这种理据性是最大化的。

（2）无同义原则：如果两个构式在句法上不同但在语义上相同，那么它们在语用上必定不同；如果两个构式在句法上不同但在语用上相同，那么它们在语义上必定不同。

（3）表达能力最大化原则：为了达到交际目的，构式的数量是最大化的。

（4）最大经济性原则：不同构式的数量尽可能最小化。

张伯江最早运用构式语法思想对现代汉语的双及物结构式进行探讨，之后很多学者对构式语法进行了比较系统的引介、评介和争鸣。如在构式的定义上，陆俭明提出构式只能指范型，不能指具体用例；针对 Kay "句法不仅包括句法和语义信息，也包括词汇和语用信息"这一说法，董燕萍与梁君英进行了相应的反驳：Goldberg 说的语义/功能是一种认知语义，不是纯语用义，不需要依赖语境来进行推理；在构式的多义性上，陆俭明认为，构式不同于句式，构式不具有多义性。针对构式语法的理论探讨也激发了我国学者广泛应用该理论对汉语语言现象进行研究和解释，如刘丹青以"连"字句为构式单位，从典型到不典型的引申现象，讨论了构式语法的研究范围以及构式形成的普遍机制，同时对构式的跨语言特性进行了思考；袁野针对原有转喻机制无法对所有压制现象给以全面解释这一缺陷，对构式压制机制与转喻形成的关系进行深层次研究，提出广义转喻框架的构建理念；王寅对各层面构式压制现象进行个案研究；王初明对构式、构式语境及二语习得进行讨论，等等。上述研究从不同视角丰富了构式语法的内涵、动因、机制及解释方法。

国内外学者的对话和论争进一步促进了构式语法的发展，构式语法理论在语义、语用、翻译等多个领域的应用，不仅为语言研究提供了崭新的视角，也为丰富和修订构式理论提供了多样化的数据支持。

二、构式语法理论对二语习得的启示

构式语法之所以受到高度关注，在于其对独特的语言单位、研究视角和方法及语言习得过程的科学解释。

首先，认知语言学认为语言的基本单位是形式与意义的规约。Goldberg 则进一步在构式语法中提出任何长度的形义结合体都是构式，包容小至词素大至句子的所有具有意义或语用语篇功能的语言结构。不仅如此，组成构式的单词、短语、句子还具有组合性特征，简单构式可以合成复杂构式。大大小小的构式作为形义配对结合体，内部储存着大量的语义、句法和语用知识，构成人们描写语言的最自然的基本单位。这种开放的语言哲学观不仅可以将传统语法所说的句型、句式，如致使结构、被动结构、提升结构，纳入构式框架之中，在理论上也有助于突破语言单纯结构分析的局限，把描写和解释结合起来，对形式、意义和功能关系进行更清晰的说明。

其次，很多针对构式的语法研究坚持动词压制，即动词携带了有关句法和语义的最大信息量，但构式语法认为构式义对构式的合成具有制约作用，即构式压制，因为构式合成的必要条件是较小构式的构式义须与合成之后复杂构式的构式义匹配。无论是动词压制还是构式压制，都体现为一种构式整体与组成部分的互动语义压制。构式的总体和部分处于一个结构，为使构式词获得进入该构式的条件，构式结构会对构式词施加一种语义上的结构压力，通过增加一定的语法特征进行语义限制。王寅曾使用角色互动和意义互动对 Goldberg 动词与构式的互动关系进行如下总结。

动词和构式的角色互动之后有两种情况：角色完全一致并相融合，自然就能生成完全可接受的句子；角色不一致，若要生成可以接受的句子，构式会出现压制现象，迫使动词增添或削减角色。一旦角色发生变化，就会带来意义的变化。角色增减所导致的意义变化是句式结构作用的结果，意味着动词对句子整体意义的预测能力并没有人们想象得那么强劲。

最后，认知语言学坚持语言是以个体的经验和经历为基础构建的，构式语法的一个重要观点是构式意义并不是构式各成分意义的简单相加，而是与心理学的格式塔原理相符合。构式整体大于部分之和的意义构建使很多构式形式和意义之间不具有预见性。不仅如此，对构式产生语义制约的因素不但来自各语言层次（字、词、句）和语言层次之间的交互，还来自语言与情境之间的交互。尤其当因角色不一致导致构式义较为抽象时，语境对于因交互而来的意义匹配具有制约作用。这种语境对构式合成所产生的约束力通常被视为一种语境效应，体现为复杂构式选择和制约简单构式的"大管小"的效应。

认知语言学旨在对语言的系统性、结构和功能进行充分的描写、解释，构式语义的心理现实性特点引导人们更加关注构式的交际使用功能，增强了构式语法理论的应用性倾向。Goldberg 利用形式、意义及其配对新奇构式开展的习得实验发现，即使是在少量输入的情况下，人们学习构式的速度也很快，构式学习对语言学习具有极大的促进作用。为了更好地解释"构式如何且为什么可以被习得"，Goldberg 在《运作中的构式：语言概括的本质》中使用三大章的篇幅从儿童语言习得的角度，语言概括能力的发展及构式对于语言学习的重要性进行论述，提出语言习得是以构式作为认知范畴而习得的。

（一）构式习得序列与频率效应对二语能力发展的启示

　　心理语言学研究表明，人在从事社会活动时会自觉或不自觉地遵循最大经济化原则，表现在语言学习和应用上也不例外。在学习者由简到繁、由易到难的语言学习过程中，语言输入的形式及其频率会直接影响其语言学习效果。在构式语法理论看来，语言是由一个个相互作用和制约的语言项（也称构式单位）构成的系统，构式作为形义配对体，是由不同层次的语言单位构成的。语言学习者优先习得同类别中高频成员与典型范例，说明语言输入不是均衡输入而是偏态输入。对母语习得过程的研究显示，儿童仅仅基于直觉就能判断、解释哪些声音或单词的组合是可能的，这是因为他们已经发展起一种基于类比和分布性分析的抽象语言构式能力，而对该能力发展起关键作用的是语言输入中构式的类符和类符频率。其中，形符频率用以指具体语言输入中某一单词或短语出现的次数；类符频率指组成某一模式或构式的不同词汇项目的个数，或者说是构式中可以填入某一空格的不同词汇项目的个数。Bybee 等认为形符频率有助于非规则形式和习语的巩固或保持，类符频率则决定着学习者语言的能产性。徐晓琼与熊丽君以"词汇化项—习语化项—能产性构式"的构式发展序列为参照，跟踪分析导致中国学习者英语输出石化、中式化的原因及其解决途径，提出序列性发展的构式习得有助于提升学习者的写作输出能力。

　　虽然与母语习得所具有的丰富而真实的语言环境相比，二语习得主要依靠课堂讲授和书本知识进行显性学习，会导致其语言输入、社会交互等模式失真，但母语构式习得的频率效应对于二语习得具有很大启发：一方面，学习者要通过反复接触和反复练习目标语知识实现知识储存和图式化；另一方面，教学大纲和教材的编写也要充分考虑构式表达的频率效应，确保语言输入达到一定频率，以弥补有限的真实语料对语言习得的影响。Evans 和 Green 强调构式习得在二语习得中的重要性，指出成人的认知能力高度发展，构式习得的目标是习语性，由于二语是基于母语的概念型式而发展起来的，母语构式势必会对二语习得产生影响。

　　许多学者对跨语言习得中的构式认知机制开展的研究发现，二语构式习得遵循"惯用语—低域模式—构式"这样一个与一语大致相同的路径：学习者在习得大量惯用语的基础上，利用概念图式将之整合为域，再经反复使用、巩固和加强获得表征图式，形成具有能产性的构式。根据构式语法理论，语言学习就是构式的学习，二语习得从惯用语、低域模式到构式的发展顺序说明这些"变化受限的预制块"需要充分的目标语接触。由于构式数目繁多,难以单纯靠记忆完成,一般而言,构式习得首先需要学习者不断重复单词组合,而后再将语境和构式分割成语义单位和抽象共性以习得其概括意义,如此便可创造性地使用从未接触过的构式。学习者必须从大量接触具体事物的体验中逐渐发展起抽象的语言图式,而图式化能力的发展相当程度上依靠构式的类型频率和示例频率。

统一模式提出语言习得的目标之一是习语性。构式层面的习语性是指那些短语构式以及具有命题和行事功能的句子构式。其中,由于短语构式(包括论元结构)具有单词的组合潜势和概括意义,与句子构式相比,更能体现习语性的本质特征。统一模式通过融合母语与二语的习得和加工,聚焦程序化和组块对于将语言组织成连贯、共同激活的神经环路的特殊作用,倡导构建基于直觉便能分辨声音或单词组合的语言能力。然而,构式认知因受动词、论元、构式及其原型性与形式—功能映射的多重影响,对二语学习者而言,如何对构式动词及其与句法框架进行互动匹配所产生的多个具体表达进行抽象是构式习得面临的一个核心问题。当动词允准多个论元存在(如双宾句)时,该问题则更趋复杂。因此,探讨构式形式和意义配对的认知机制无疑会给跨语言习得路径带来重要启示。

尽管伴随学习者二语水平的提高,其构式加工能力会逐渐得以优化,但由于在实际运用中,二语构式会直接涉及一语构式机制并与其产生竞争,母语负迁移不可避免。基于用法的语言学家认为二语习得遵循学习者由易到难的认知发展顺序,该认知发展顺序也可从学习者构式使用和认知过程中的习得序列和频率效应上获得证明。构式教学应在保证一定类符和类符频率输入的前提下,从具体、简单构式入手,逐渐引导学习者过渡到抽象、复杂的构式。基于用法的构式习得研究还显示,考虑到学习者的语言水平及其母语和二语词汇化模式,有必要探索如何在语言学习中将显性学习与隐性学习有效连接的教学模式:如以机械记忆习得为基础,进行较为具体的语言结构分析,进而过渡到复杂结构,最后习得最抽象、能产性极高的论元结构;但当母语与目标语构式在结构图式相同或相近时,可以直接使用隐性方式进行教学。

(二)构式语法对二语中特殊语言表达习得的启示

通过允许广泛概括和更受限制的格式介入分析,构式主义方法对于儿童语言习得初期如何进行概括及如何避免过度概括做了充分解释。近些年的纵深研究表明，二语习得也是从惯用语开始的。如 Ambridge 等通过调查成人以及年龄介于 3 岁至 3 岁半之间的儿童对三组不同听力材料中只具有不及物属性动词的不合法句法表达（如"laugh"在不合法句"Bob laughed Wendy"）进行的强迫选择指向任务研究结果发现，成人和儿童选择致使构式识解的比率高达 82%。

与一语习得模式下儿童逐渐发展起来的世界知识和语言知识不同，成人的二语知识并非自然输入，也不与世界知识并行发展，而是在其已经存在的概念知识之上，通过课本、教师、影像资料等途径显性学习而获得。因此，二语习得比一语习得更加复杂。日常学习过程中常有学生产生困惑：为什么自己背了大量单词却仍不能在听力或阅读中准确把握话语内容？董燕萍与梁君英、于翠红针对此类现象进行的研究发现，与单纯的词汇增长相比，利用构式进行语言学习对于学习者语言能力的提高效果更为明显。研究还发现，中、高级水平学习者更善于利用核心词汇所在的句型构式义来判定句子。Gries 和 Wulff 以母语为德语的英语二语学习者为被试，对其习得"动词+ing"和"动词+to"两类构式的情况进行的研究也证明，虽然学习者对于动词后应该使用动名词还是不定式存在较大的习得困难，但结合语料库和行为实验的证据证实了二语构式的存在；研究同时支持"构式是中介语词库的一部分"的观点，提出二语学习者对两种不同格式的表达是以构式的方式储存在二语词库中的。

Ellis 指出二语习得遵循"惯用语—低域模式—构式"的发展顺序。其中惯用语包括程式性语句和习语，属于语言中普遍而又特殊的语言现象。惯用语句法模块与语义模块匹配较固定，是构式语法研究中公认的自然语料。但由于惯用语的开放性和能产性较低，惯用语习得涉及比词汇习得更为复杂的过程。要掌握这些搭配不变、晦涩的特定语言表达，语言学习者需要首先在记忆中进行大量储备。考虑到惯用语形式多样、数目众多，单靠记忆显然是远远不够的。构式语法对于二语习得中构式与动词的关系主要采用"自上而下"的研究路向，即从动词的参与角色与构式的论元角色能否融合这一层面寻求解释。Fillmore、Goldberg、Langacker 等在对惯用语的形式特征和语义结构进行分析的基础之上，将之视为形义配对的统一体，从语义、句法、语用等多方面进行分析；构式中的习语性识解始于对语言特殊性的理解，而了解语言特殊性的前提在于了解语言一般性。

由于构式理论视角下句法不具有生成语法所倡导的自主性，学界主张抽象和复杂的规则系统并非必须借助内部语言知识才能掌握,并提出在对习语、谚语的二语习得研究过程中,除了关注这些特殊语言表达的句法现象外,还要关注其构成元素的形态、句法、语用及语篇功能等多项特征,通过对影响习得过程的相关因素进行尽可能完整的刻画,以期更有效地解释"形式—意义"对构式系统的外部作用机理。

有证据表明,从词汇习得到构式习得的转变能够帮助学习者从依赖单个词汇的表层习得转向依赖构式的深层次语言处理。对构式语义、句法特征及规律的了解有助于学习者更快地提高语言水平。Boers、Demecheleer、于翠红与张拥政等针对英语为二语的学习者进行的英语习语学习及语义理解实验表明,当学习者了解习语的作用机理并将之作为一个完整的形义结合体加工时,他们会更加自觉地利用图式及文化信息,在交际性语境中寻求意义与形式的统一。

构式语法对习语、谚语类等习得的阐释为二语习得与语言教学领域的结合提供了可行的突破口。研究者将之推及一般表达,发现语言习得机制与认识和学习其他事物的认知能力是相通的。董燕萍与梁君英针对具有不同英语水平的中国学习者理解目标语双宾句意义开展的一项研究揭示,动词对初学者影响显著,而中、高级水平学习者更倾向于依据论元构式理解句子意义。Boers、Littlemore等的一系列旨在优化二语教学实践的研究进一步提出,以构式(或多词单位)为核心进行词汇教学能够更好地帮助学习者超越词项真值语义条件,得出对形式和意义更加客观合理的解释,从而克服二语词汇习得动词中心论的狭隘性,从构式整体角度探寻人类的认知规律,对于构建通达开放的理想认知序列模式具有重要意义。Tyler等通过二语学习者分别使用构式法和动词法两种方法习得英语双宾和致使移动两类典型构式的研究也证明,构式教学效果在句法结构识别和产出两方面效果更佳,习得更持久。

与低域模式相比,习语、谚语、惯用语等集中体现着语言中的文化内涵,使其概念具有很大程度上的隐喻性,不同文化也为学习者的识记和图式化带来很大障碍。Copper曾做过一项针对习语意义认知方式的研究,结果表明学习者一般采取预备和猜测两种策略获取习语意义。预备策略指对与习语相关的社会、文化、隐喻、来源等背景知识的了解;猜测策略指针对特定语境进行的语义推理。于翠红与张拥政通过对中国英语学习者进行实验组和控制组的划分,发现接受过意象图式和概念隐喻指导的实验组在熟语、谚语及概念隐喻的理解及记忆上均优于未接受过指导的控制组,肯定了相关社会背景知识对隐喻习语认知的积极效应，并提出将英语隐喻习语教学置身于大的语言背景，能够帮助学生建立起有效的认知体系。Boers 和 Demecheleer 围绕涉及 4 个源域（"帽子""袖子""轮船""食物"）的 24 个熟语，对 78 名具有中级英语水平的法国大学生进行猜测熟语意义的研究显示，当目标语中源域的源显度高于母语中对应源域的源显度时，学习者意义猜测遇到较大阻碍；反之则会容易，说明了解术语隐藏的概念隐喻有助于减缓习得压力。

构式语法以用法事件为基础，强调语言习得是由输入驱动的，将语言习得与学习者的主观认识、背景知识、社会文化等百科知识功能性编组紧密关联，为语言习得过程和教学实践中的复杂认知操作提供了相对简单的分析视角，无论对一语习得研究还是二语习得研究都具有较好的理论指导价值。

三、动词中心论与构式中心论对二语习得的启示

构式语法理论关注语言的三个方面：动词、句法结构和构式意义。理论语言学和心理语言学也将三者之间的关系视为分析句子处理模式的核心问题。词汇和构式都有意义，两者之间的互动会产生两种结果：其一，当词汇之间的句法、语义相融时，按照正常的句法关系生成正常的构式意义；其二，当词汇之间的句法、语义不相融时，在构式结构的强制下产生额外的"异常意义"。Michaelis 曾对这一现象进行过较为详细的论述，并将之称为强制原则，即若一词汇项在语义上与其形态句法环境不兼容，该词汇项的意义就应当遵守其所嵌入运用的结构的意义，学界也将之称为构式中心论或构式压制。

然而，很多学者如 Goldberg、王寅提出对构式意义起绝对主导作用的不一定总是构式，在组成构式的元素中，动词相比其他元素携带着更多句法和语义的信息，并对构式各元素的关系施以压制。该观点符合传统的动词中心论，即主要动词对句子的形式与意义起决定作用，或动词能够投射其自身的论元结构。

当前，构式中心论和动词中心论都获得了相关研究的支持。如 Gamsey 运用视觉跟踪和移动视窗阅读法，分析高频动词和特殊词语组合对歧义句理解的作用，支持 Healy 和 Miller 提出的动词对句子意义起着实质性作用的动词中心论。Bencini 和 Goldberg 在

Healy 和 Miller 实验基础上,让被试对 4 个英语动词和 4 个构式交叉组成 16 个"动词+论元"的句子意义进行或基于动词或基于论元构式的分类选择,发现尽管动词比构式更容易识别,被试更倾向于按照构式理解句子。

对于动词与构式谁为中心的争论也引起了二语研究者的浓厚兴趣。董燕萍与梁君英参照 Bencini 和 Goldberg 的实验,对三组不同英语水平的中国英语学习者开展实验,发现被试的动词或构式分类与语言水平存在紧密联系:初学者主要受动词影响,而中、高级水平学习者更倾向依据论元构式理解句子意义。

上述研究从另一方面印证了 Goldberg 等在研究儿童语言数据交换体系相关语料库时所提出的假设:形式和意义在论元结构层面上存在的紧密联系不是天生的,而是可以习得的。儿童最初依据具体动词和论元空格对构式意义进行概括的倾向显示,他们把动词看作最好、最能准确预测句子总体意义的信号,但伴随语言能力的发展,其句法结构敏感度逐渐提高,构式的权重随之增加。

四、构式二语习得认知心理诠释

当前基于使用的构式习得理论主要依赖儿童母语发展的研究成果,提出学习者按照不同层级对海量语言数据进行存储。惯用语句经低域模式到构式的步骤说明,构式习得的发展是学习者在具体语言知识积累基础上的抽象、范畴化过程。针对儿童复述包含 4 对高低频动词(say—claim、know—believe、hope—feel,bet—wager)的 6 个主从复合句进行分析,发现他们偏好使用高频动词。这一偏好尤其表现在"think"一词的使用上:该词并未在描述中出现,但在复述句子中的出现率高达 88%。Kidd 等认为高频词的使用频次不仅仅是词汇习得的结果,其原因在于学习者在使用过程中使"NP—thinks—S"构式逐步得以固化。该研究支持"高形符频率能提高范例识别概率,促进构式的习得"的论断。

尽管二语习得缺乏母语习得丰富的语言环境,其语言认知的有效性与学习者对语言的接触频次和反复加工密切相关。早在 1990 年,以 McLanghlin 为代表的学者就曾对学习者二语信息从控制加工到自动加工再到重新建构的过程进行过深入研究。根据其信息加工模型，学习者对于最初所接触到语言信息进行感觉贮存时往往是无意识的，随着接触频次的增加，其认知的经济性信息会促使他们对相关信息进行匹配，如把不同特性的刺激物归入同一范畴。这时的信息处理仍需要学习者花费较大的注意资源才能完成，属于控制性加工。而由控制过程向自动过程的转变涉及学习者对中介语的重新建构，表现为知识表征的方式以及表征策略的质的改变。

尽管McLanghlin的信息加工模型更加关注二语学习者中介语系统的发展变化，但它与基于使用的构式习得观有异曲同工之处，即它们都强调对内部知识表征进行基于使用的加工操作会促进语言学习。徐承萍透过动词被动和形容词被动两个构式习得观察视角，研究不同学习阶段中国学习者构式习得所受的形符频率、词汇频率和形义映合凸显度的影响，发现在习得中低阶段，形符频率效应显著，但随着水平的提高该效应显著性逐渐降低；词汇频率效应在三个习得阶段均很显著；形义映合凸显度效应在以形符频率分组的中低阶段和中高阶段都不显著，但在以词汇频率分组的中低阶段和中高阶段均很显著，且在两个水平阶段都与词汇频率存在显著的交互效应。基于上述发现，徐承萍建议二语教学过程中，教师应该对高频率构式的语义虚化问题给予高度关注，通过协助学习者解决二语习得过程中的浅处理、选择性注意以及词汇—句法习得脱节问题，逐渐培养其信息深处理能力，以将词汇习得和句法习得有机结合。

上述研究表明，标志形符和类符的频度与形义映合显度对构式习得具有重要影响，前者代表"语言输入本身所具有的客观意义上的信息密度"，后者指"学习者本身体验到的主观意义上的信息密度"。形符频率能在语言水平的初、中级发展阶段通过同一形式的复现有效地促进二语词汇习得；类符频率能在语言水平的中、高级发展阶段帮助学习者甄别范例框架、识别复现构式；形义映合显度则是整个二语习得过程中促进学习者构式习得的动因。二语学习者若要将大量包含目标语概念和语言行为的表达方式以完整的形式或自动链环的形式进行提取，需要首先对语言进行重新建构并按照一定的方式在大脑中存储。

由于二语学习者已经在大脑中储备了一整套母语体系下的构式型式，其中介语系统势必受到母语系统的影响。如果缺乏能够实现二语输出经济化与准确度的地道词块，其二语构式就会按照母语词块进行重构，极易生成不地道甚至错误的表达形式。此类现象在中国学习者的英语使用中屡见不鲜，如按照中文表达的"学习新知识"和"达到某一目标"生成"learn new know ledge"与"reach the aim of"。可见，适时的偏态输入对于构式习得是必不可少的。Goldberg、Casenhiser 和 Sethuraman 的实验也证明，在总形符频率和类符频率保持不变的情况下，接受更多偏态输入的学习者能够更快、更准确地获得构式。

构式语法研究对于语言习得与使用研究具有重要启发和指导意义。认知语言学把形式与意义的规约作为语言的基本单位，而构式恰恰是储存语义、句法和语用知识的"形式—意义"配对。因此，对构式进行解析就是对语言最自然的基本单位进行结构性描写。通过对具体构式进行研究，人们可以从动态性角度对深层次的语言习得过程和路径进行全面阐释，从而为二语习得研究带来许多有益的启迪。刘丹青指出，构式语法尽量在有系统相邻或系统传承关系的语法单位之间寻找辐射的认知关联，从而通过相似性或相关性进行范畴化，减少认知过程或体验模式的数量，从而产生构式多义的效果。就这一意义而言，从构式整体出发的二语习得研究，可以更好地探寻人类的认知规律。

诚然，构式习得序列为构建更加通达开放的二语理想认知序列模式提供了可行的路径。然而，任何理论体系都不可能尽善尽美。由于"过分强调每一种语法结构的独立性以及语法与语义的相关性，构式语法有可能放弃语法分析的系统性、简约性和概括性，从而给语言习得研究，如大脑中的语言表征，带来一系列难以阐释的问题"。

参 考 文 献

[1]蔡金亭，中国学生英语过渡语研究[M].北京：外语教学与研究出版社，2008.

[2]冯晓虎.隐喻——思维的基础.篇章的框架[M].北京：对外经济贸易大学出版社，2004.

[3]陈万会.中国学习者二语词汇习得研究：从认知心理的视角[M].青岛：中国海洋大学出版社，2008.

[4]高远,李福印.乔治·莱考夫认知语言学十讲[M].北京：外语教学与研究出版社，2007.

[5]蒋严.关联：交际与认知[M].北京：中国社会科学出版社，2008.

[6]蓝纯.认知语言学与隐喻研究[M].北京：外语教学与研究出版社，2005.

[7]李福印.如何阐释认知语言学[J].外语学刊，2009(2)：23.

[8]卢植.认知与语言——认知语言学引论[M].上海：上海外语教育出版社，2006.

[9]石毓智,语法的认知语义基础[M].南昌：江西教育出版社，2000.

[10]束定芳.隐喻学研究[M].上海：上海外语教育出版社，2000.

[11]谭业升.认知翻译学探索：创造性翻译的认知路径与认知制约[M].上海：上海外语教育出版社，2012.

[12]王寅.语义理论与语言教学[M].上海：上海外语教育出版社，2001.

[13]王寅.认知语言学[M].上海：上海外语教育出版社，2007.

[14]王宗炎.英汉应用语言学词典[M].长沙：湖南教育出版社，1988.

[15]熊学亮.认知语用学概论[M].上海：上海外语教育出版社，1999.

[16]徐通锵.汉语字本位语法导论[M].济南：山东教育出版社，2008.

[17] 蒋严.关联：交际与认知[M].北京：中国社会科学出版社，2008.

[18] 蓝纯.认知语言学与隐喻研究[M].北京：外语教学与研究出版社，2005.

[19] 李福印.如何阐释认知语言学[M].外语学刊，2009.

[20] 卢植.认知与语言——认知语言学引论[M].上海：上海外语教育出版社，2006.

[21] 石毓智.语法的认知语义基础[M].南昌：江西教育出版社，2000.

[22] 束定芳.隐喻学研究[M].上海：上海外语教育出版社，2000.

[23] 谭业升.认知翻译学探索：创造性翻译的认知路径与认知制约[M].上海：上海外语教育出版社，2012.

[24] 王寅．语义理论与语言教学［M］.上海：上海外语教育出版社，2001.

[25] 王寅．认知语言学［M］.上海：上海外语教育出版社，2007.

[26] 王宗炎．英汉应用语言学词典［M］.长沙：湖南教育出版社，1988.

[27] 熊学亮．认知语用学概论［M］.上海：上海外语教育出版社，1999.

[28] 徐通锵．汉语字本位语法导论［M］.济南：山东教育出版社，2008.

[29] 蔡金亭，中国学生英语过渡语研究［M］.北京：外语教学与研究出版社，2008.

[30] 冯晓虎．隐喻——思维的基础．篇章的框架［M］.北京：对外经济贸易大学出版社，2004.